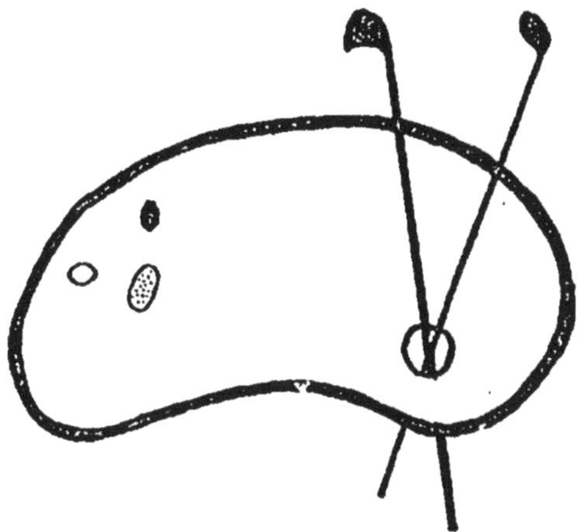

AF474095

LA

JURIDICTION CONSULAIRE

A ORLÉANS

ÉTUDE HISTORIQUE

PAR

M. A. BRETON

ANCIEN AGRÉÉ PRÈS LE TRIBUNAL DE COMMERCE
AVOCAT A LA COUR D'APPEL
MEMBRE DE LA SOCIÉTÉ ARCHÉOLOGIQUE ET HISTORIQUE DE L'ORLÉANAIS

ORLÉANS
LIBRAIRIE H. HERLUISON
MARCEL MARRON, SUCCESSEUR
17 RUE JEANNE-D'ARC

1902

in labore requies

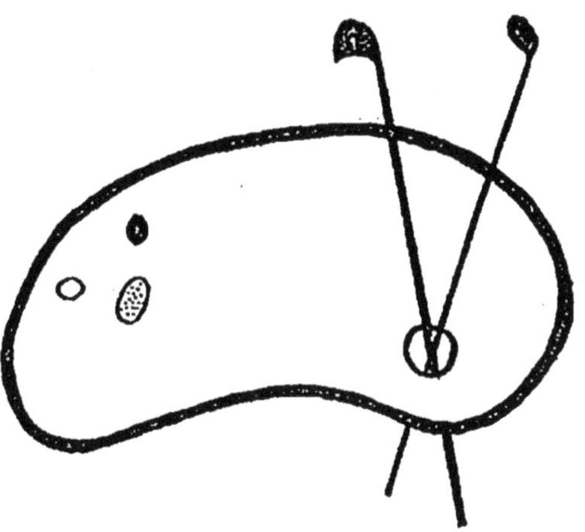

FIN D'UNE SERIE DE DOCUMENTS
EN COULEUR

LA JURIDICTION CONSULAIRE
A ORLÉANS

ORLÉANS. — IMPRIMERIE PAUL PIGELET, 8, RUE SAINT-ÉTIENNE.

LA

JURIDICTION CONSULAIRE

A ORLÉANS

ÉTUDE HISTORIQUE

PAR

M. A. BRETON

ANCIEN AGRÉÉ PRÈS LE TRIBUNAL DE COMMERCE
AVOCAT A LA COUR D'APPEL
MEMBRE DE LA SOCIÉTÉ ARCHÉOLOGIQUE ET HISTORIQUE DE L'ORLÉANAIS

ORLÉANS
LIBRAIRIE H. HERLUISON
MARCEL MARRON, SUCCESSEUR
17 RUE JEANNE-D'ARC

1902

EXTRAIT DES MÉMOIRES DE LA SOCIÉTÉ ARCHÉOLOGIQUE DE L'ORLÉANAIS

LA JURIDICTION CONSULAIRE

A ORLÉANS

ETUDE HISTORIQUE

par M. A. BRETON

PREMIÈRE PARTIE

JURIDICTION CONSULAIRE (1564-1791)

I

ÉRECTION DE LA JURIDICTION CONSULAIRE A ORLÉANS. — COUP D'ŒIL SUR LES ORIGINES DE CETTE INSTITUTION EN FRANCE

La juridiction consulaire venait à peine d'être établie à Paris (elle avait été créée en novembre 1563 et les juges-consuls avaient été installés le 7 février suivant), quand un second édit du roi Charles IX, donné à Fontainebleau en ce même mois de février, l'institua à Orléans.

Le texte complet de cet édit ne se trouve plus que dans des livres devenus rares. MM. Isambert, Decrusy et Taillandier n'ont pas cru devoir le rapporter dans le recueil général des anciennes lois françaises, à cause sans doute de son caractère local et de sa ressemblance avec celui de Paris. Il est intitulé : Edit du roi sur la création d'un juge et de quatre consuls des marchands en la ville d'Orléans, lesquels connaîtront de tous procès et différends qui seront ci-après mûs entre lesdits marchands pour fait de marchandise. Il débute en rapportant que « c'est sur la requête et remontrance faite de la part des échevins et habitants d'Orléans et par l'avis de sa très honorée Dame et mère... et des gens de son conseil que, suivant ce qui a été dernièrement fait et accordé pour ceux de Paris, il va instituer la juridiction consulaire à Orléans. (1) »

Il paraît donc résulter des termes mêmes de l'Edit qu'Orléans a été la première ville de province dotée de cette nouvelle institution. Merlin le dit expressément dans son répertoire et, à quelque point de vue qu'on se place, cela n'a rien de surprenant.

Les Orléanais, à cause de la proximité de la capitale, ont dû savoir des premiers ce qui venait de se passer à Paris, et notre ville avait à cette époque déjà un commerce très important. Ce n'est pas ici le lieu d'entrer à ce sujet dans de longs détails, ni de rappeler tous les auteurs qui ont traité la question. Chacun sait qu'en tout temps, la ville d'Orléans, déjà appelée *emporium carnutum*, c'est-à-dire marché de Chartres, au temps de la conquête romaine, a tenu un rang très important parmi les places de commerce de notre pays. Elle le doit à sa situation au milieu du cours de la Loire, dans un pays très fertile en blés et en vins, et au centre de la France, ce qui la met à portée de tirer des marchandises de toutes les provinces et de faire passer à celles-ci les marchandises qui leur manquent. Il suffit quand on veut avoir à cet égard une idée plus complète, d'ouvrir soit l'ouvrage de Lemaire sur les antiquités d'Orléans (2), soit le livre si

(1) Voir *in fine* pièces justificatives, n° 1.

(2) LEMAIRE, *Antiquités d'Orléans*, p. 522. Après un long dithyrambe sur Orléans qu'il appelle « ville milieu de la France, cœur d'ycelle, cœur du lys royal, située dans le milieu du roy des fleuves, port commode, abondant et spacieux, il ajoute que le trafic d'Orléans est renommé : le Poitou n'est remarquable que par les marchandises que les Poitevins y apportent d'Orléans ; le Lyonnais, Nevers, Angers et Saumur que par la teinture des draps de Romorantin, d'Aubigny, etc., et Nantes que par les vins d'Orléans. » Il y a peut-être là une certaine exagération ; mais quel est l'auteur qui, tout plein de son sujet, n'embellit pas un peu les choses dont il parle, surtout quand il s'agit de faire l'éloge de son pays ?

remarquable de M. Mantellier sur les marchands fréquentant la rivière de Loire, soit enfin le savant travail de M. Cuissard sur le commerce et l'industrie à Orléans avant 1789. Les renseignements y abondent pour établir qu'au XVIe siècle la ville d'Orléans était pourvue d'un commerce riche, nombreux et important.

Il est donc tout naturel que les échevins et marchands d'Orléans aient, dès l'origine, sollicité du roi le privilège de faire régler les différends du commerce par les juges-consuls, dont l'institution s'installa en notre ville avec la plus grande facilité, fut toujours très recherchée des commerçants, et rendit les plus grands services pendant les deux cent vingt-sept ans qu'elle a duré.

Avant d'aller plus loin, il paraît utile de jeter un rapide coup d'œil sur les premiers essais de cette juridiction en France. Cette étude va, il est vrai, nous éloigner pour un moment de l'histoire toute locale que nous entreprenons. Mais elle en est la préface obligée. Elle servira tout d'abord à résoudre une question qu'on se pose tout naturellement, lorsqu'en lisant l'édit, on se reporte à l'époque où il a été donné. Comment a-t-il pu se faire que, dans la plus grande fureur des guerres de religion et alors que tous les esprits, semble-t-il, devaient être absorbés par les graves événements qui marquaient chacun des jours de ces temps troublés, les marchands aient pu songer à réclamer des pouvoirs publics et ceux-ci aient eu le temps d'étudier l'organisation si compliquée de cette institution toute pacifique ?

A première lecture de l'édit, on serait tenté de croire qu'il s'agit d'une véritable création. Il n'en est rien pourtant. Sans doute à Paris il n'y avait pas encore de véritable tribunal des marchands. De même à Orléans, à l'exception des membres de la corporation des marchands fréquentant la rivière de Loire, qui avaient des juges spéciaux pour certains cas, les marchands n'avaient pas non plus l'avantage d'être jugés par leurs pairs. Mais il n'en était pas de même pour toute la France, ainsi que nous allons le voir.

Du reste, à la réflexion, nombre de particularités donnent à penser que l'idée de créer la juridiction consulaire n'a pas pu germer tout à coup, nous ne disons pas dans l'esprit des marchands de Paris ou d'Orléans, ni dans celui de la reine Catherine de Médicis, ou de son fils Charles IX, encore enfant en 1563, mais même dans le cerveau puissant de l'illustre chancelier Michel de L'Hospital qui a attaché son nom à l'institution.

Ces juges élus par leurs pairs, dont le mandat est gratuit, le nom latin de consulat donné à leur juridiction, la simplicité de la procédure, tout indique qu'il s'agit de quelque institution traditionnelle déjà consacrée par l'usage et que la nouvelle loi va seulement codifier.

Et en effet, venue de l'Italie et pratiquée sans règles bien définies dans quelques provinces, la juridiction consulaire existait déjà en France depuis plusieurs siècles. Des édits, des déclarations royales et des lettres-patentes en avaient accordé ou confirmé le privilège à certaines villes et, à mesure que le commerce était devenu plus florissant et plus stable, les lettres-patentes s'étaient multipliées. Dans les dix années qui précèdent l'édit de 1563, trois lois importantes avaient pour ainsi dire annoncé et préparé la création des juges-consulaires.

Néanmoins le mérite du chancelier fut encore très grand. Il a su comprendre l'importance que prenait dans l'Etat le commerce grandissant. Il a prêté l'oreille aux doléances que les marchands adressaient au roi pendant les États généraux d'Orléans en 1560, et, ne se bornant pas à leur accorder la généralisation de quelques privilèges réclamés par eux, tels que celui de la contrainte par corps et de la saisie-exécution, il alla de l'avant, il apprécia l'ensemble des maux qui, dit M. Picot (1), déshonoraient alors la justice si coûteuse et si lente. Il vit que si, malgré tant d'ordonnances déjà rendues, malgré celles qu'il s'apprêtait encore à faire rendre, il ne pouvait d'un seul coup unifier les juridictions ordinaires, il était du moins possible de donner aux marchands la satisfaction de faire vider leurs différends avec célérité et sans frais. Ainsi fût-il amené à doter Paris, Orléans, et ensuite les principales

(1) Picot, *Histoire des États généraux en France.*

villes de France de la juridiction consulaire : justice toute particulière dans laquelle les magistrats sont élus à temps par leurs pairs les plus capables, où le juge est le plus souvent un expert, où il exerce gratuitement sa charge, où il doit statuer rapidement et « sans figure de procès », où le ministère des avocats et procureurs n'est pas indispensable, justice enfin si remarquable et si utile que, non seulement elle a traversé les siècles et les révolutions sans être ébranlée, mais qu'elle est encore aujourd'hui copiée par presque tous les peuples et que sa procédure est souvent proposée comme modèle aux autres juridictions.

Il y avait donc, longtemps avant 1563, des juges consulaires en ce sens que déjà, çà et là, la solution des procès entre commerçants était confiée à des juges spéciaux. Mais comment cette institution avait-elle pris naissance en France ?

Les auteurs sont d'accord pour lui attribuer une origine italienne. Ainsi Esmein (1) dit que le consulat est une institution étrangère importée en France et venue d'Italie ; qu'il s'établit d'abord en Provence, puis dans le Comtat Venaissin, dans le Languedoc au XIIe siècle, en Auvergne ensuite, et de là dans la Marche et dans le Limousin.

Gouget et Merger (2) enseignent aussi que toutes les républiques italiennes au moyen âge avaient des juridictions consulaires et que ce sont leurs colonies qui ont importé chez nous cette institution.

A Venise, il y avait en effet des juges de commerce qu'on appelait d'abord : *consules mercatorum*, puis en langue vulgaire : *Signori alla mercatura.*

A Lucques, il y avait une « cour des marchands » ; à Gênes, à Bologne, une « rote » spéciale dour les affaires de commerce.

Les Vénitiens obtinrent du sultan l'autorisation d'établir, au commencement du XVIe siècle, des juridictions consulaires en Egypte, en Syrie, à Antioche, au Caire et à Alep.

(1) ESMEIN. *Histoire du Droit français*, p. 306.

(2) GOUGET et MERGER. *Dictionnaire du droit commercial*, v° *Tribunal de commerce.*

On sait qu'autrefois les auteurs, même les plus graves et les plus savants, avaient l'innocente manie de remonter toujours aux Grecs et aux Romains et d'affirmer, suivant une expression alors à la mode, que l'histoire du sujet traité par eux se cachait dans l'obscurité des premiers temps. On n'y a pas manqué en ce qui concerne les juges-consuls. L'avocat général Du Mesnil, dans le discours qu'il prononça devant le Parlement de Paris, le 18 janvier 1563, en requérant l'enregistrement de l'édit de novembre précédent, disait le premier que de tout temps on a établi les marchands juges de commerce. Jean Toubeau (1), échevin et ancien prévost des marchands à Bourges, répétait que cela était certain, et, surenchérissant sur ce point, il ajoutait qu'à Athènes il y avait des juges marchands, nommés Thesmothètes, au nombre de six, qui allaient sur les vaisseaux régler les différends du commerce. Il invoquait notamment deux plaidoyers de Démosthènes contre Apaturius et contre Phormion. Faut-il avouer que nous étant reporté à ces sources nous n'y avons pas trouvé la preuve bien nette de cette assertion? Le même auteur cite encore Athénée à l'appui de son dire.

Le chancelier de Lamoignon, dans un mémoire adressé aux juges-consuls d'Orléans en 1763 (2), répète à son tour qu'à toute époque les affaires du commerce ont été jugées par des marchands instruits de ses usages. Et il ajoute : Xénophon nous apprend que c'était la coutume de la Grèce.

De là l'institution aurait passé à Rome, et Toubeau prétend qu'on voit au septième livre du Code que, dans l'empire romain, la connaissance et la juridiction des procès qui nais-

(1) Jean Toubeau. *Institutes du droit consulaire.*

(2) Voir *Archives du Loiret*, c. 97. Mémoires du chancelier de Lamoignon. Cette pièce intéressante n'existe qu'en copie aux archives du Loiret.

Elle est intitulée : Mémoire sur un projet de règlement *en faveur* des juridictions consulaires et du commerce ou nouveau règlement proposé par le Chancelier tendant à empêcher les contestations qui s'élèvent journellement entre les juges conservateurs des foires, la juridiction consulaire et les juges ordinaires et ramener une uniformité désirable tant dans la forme d'y procéder que pour l'exécution de leurs jugements.

Ce mémoire est de Guillaume II de Lamoignon, seigneur de Malesherbes, mort en 1772. Il fut chancelier de 1750 à 1761, date à laquelle il donna sa démission. Son mémoire ou projet de règlement fut envoyé aux juges-consuls d'Orléans

saient dans un commerce appartenaient à celui qui était préposé à ce négoce. Quoi qu'il en soit, il paraît bien certain que chez nous la juridiction consulaire, ainsi du reste que son nom l'indique, est d'origine latine, et que les premières villes où cette institution s'est établie étaient justement celles où Rome avait exercé la plus grande influence. Ainsi Du Cange rapporte deux lettres de l'empereur Andronicus et de Jean, son fils, tous deux empereurs d'Orient, par lesquelles est accordé puis confirmé aux marchands de la ville de Narbonne le privilège de nommer, instituer et ordonner un consul pour juger les procès de ceux d'entre eux qui trafiquaient dans tout l'empire. Et Toubeau cite la date du procès-verbal, 21 avril 1346, écrit en grec et en latin séparément. Puis il ajoute : ces lettres sont fort authentiques et celle d'Andronicus a encore un anneau d'or attaché avec des lacs de soie (*Bulla aurea.*) Il résulterait de là que les marchands de Narbonne étaient dès lors en possession d'un vieil usage romain qui leur permettait de faire vider leurs différends par un consul élu.

A Marseille, ville à la fois grecque et romaine, les juges des marchands avaient aussi une origine très ancienne et l'article 1er des règlements faits par René, roi de Sicile et de Naples, constate que, dès l'année 1472, les consuls y étaient établis depuis longtemps, et que les comtes de Provence s'étaient bornés à approuver cette juridiction. René ajouta même cette particularité à leur institution que les appels de leurs sentences seraient désormais portés devant d'autres marchands. Aussi Charles IX, par son édit de 1565, n'érige-t-il pas les juges-consuls à Marseille. Il déclare seulement con-

le 15 juillet 1763. Ceux-ci en prirent une copie qu'ils consignèrent dans leurs archives et le renvoyèrent à l'intendant de Tolozan avec leurs observations, le 14 janvier 1764. Par les soins de cet intendant, ces observations furent adressées à la chancellerie en même temps que la réponse du bailliage le 13 avril 1764. La démission du chancelier empêcha qu'il ne fût donné suite aux projets très remarquables qu'il avait mis en lumière dans son travail. Nous devons ajouter que nous devons la découverte de ces pièces importantes à notre très distingué collègue M. Bloch, archiviste du département du Loiret, qui nous les a signalées.

firmer leur existence et ne change rien ni à la manière de les élire, ni à leur nombre qui resta fixé à deux, alors que, d'après le système organisé par le chancelier, les juges-consuls étaient ordinairement au nombre de cinq : un juge et quatre consuls, et devaient être au nombre de trois pour rendre un jugement valable.

Il n'y avait guère, aux temps reculés dont nous parlons, que deux manières de faire le commerce. On importait la plupart des marchandises par mer, sur des vaisseaux, jusque dans les ports, ou bien on les transportait par les rivières dans ces grandes assemblées, le plus souvent périodiques, qu'on appelait les foires. D'où le mot toujours répété dans les anciens documents de « train de la marchandise ».

Le commerce maritime donna lieu aux règlements célèbres connus sous le nom de *jugements de la mer* ou *d'Oléron*. Ils paraissent remonter à une origine très lointaine. Ils avaient été dressés, dit le recueil Isambert, d'après les coutumes de la mer du Levant, recueillies elles-mêmes sous le titre de : *Consulat de la mer*. Ils avaient pour objet la navigation des côtes de Guyenne, du Poitou et de la Normandie, mais ils parurent si judicieux qu'on les adopta partout. Les ordonnances de Wisbuy et de Gothland en ont été tirées en partie en 1288 et elles ont servi de base aux lois de Lubeck et de la Hanse Teutonique en 1597.

Ces règlements d'Oléron ont été rédigés en 1152 par ordre d'Eléonore d'Aquitaine, épouse de Louis le Jeune, qui, après son divorce, épousa le duc de Normandie, depuis roi d'Angleterre sous le nom de Henri III. Il en existe une copie vidimée publiée à Rouen, en 1265, et qui porte comme témoin « le scel de l'Ile d'Oléron et la date du mardi après la fête de saint André ».

C'est d'après ces règlements que furent rédigées les ordonnances relatives au commerce maritime de 1400, 1450, 1507, 1584, 1586 et la fameuse ordonnance de la marine de 1681. Enfin le Code de commerce de 1807 en est, pour une grande partie, la reproduction, dans la partie qui traite du droit maritime.

Mais c'est surtout à l'occasion du commerce des foires

que naquit en France la juridiction consulaire. C'était là que se nouaient les plus importantes affaires commerciales au moyen âge. Non seulement les vendeurs et acheteurs étrangers s'y rendaient en grand nombre, mais les marchands venus de l'intérieur du royaume y affluaient de toutes parts. On ne se bornait pas à y vendre les marchandises étalées ; celles-là servaient d'échantillons pour des ventes à livrer à la foire prochaine ou à toute autre foire. On y prenait des engagements, notamment celui de payer à ces foires futures. On y souscrivait des lettres de change et des billets à ordre, importation des Lombards, payables en foire. De là des contestations d'une nature toute spéciale, qui requéraient à la fois la plus grande célérité ainsi que des connaissances particulières, et que les juges ordinaires n'auraient pu apprécier comme il fallait. D'ailleurs la multiplicité des juridictions et la procédure embrouillée alors en usage ne pouvaient convenir à la solution de pareils différends.

Aussi les Italiens ne tardèrent-ils pas à s'adresser aux rois de France et à obtenir d'eux des lettres-patentes constituant des juges des foires, à qui était attribuée par privilège la connaissance de tous litiges nés d'opérations commerciales faites dans les foires qu'ils pratiquaient. Cette juridiction particulière portait le nom de *Conventions royaux*.

Puis ces mêmes avantages furent concédés à tous les marchands, quelle que fût leur nationalité. On trouve ainsi dès le XIe siècle des lettres-patentes pour les foires de Perpignan, renvoyant à un juge marchand les causes de commerce nées à l'occasion des foires (1).

Une ordonnance du 23 mars 1302 décide que les *juges* et gardes des foires seront *désormais* élus par le grand conseil du roi, ce qui prouve que, déjà à cette date, l'institution ainsi réglementée avait une existence reconnue.

Une autre ordonnance du 25 juillet 1304 décide que les marchands peuvent être contraints par corps à l'occasion des engagements contractés aux foires de Champagne. En mai 1327, nouvelle ordonnance *rétablissant* les privilèges et la

(1) Voir *Archives du Loiret*, c. 97. Mémoire de Lamoignon.

juridiction des foires de Champagne et de Brie. Un édit de septembre 1345 *organise cette juridiction.* Des lettres-patentes du roi Philippe VI de Valois, données à Vincennes, le 6 août 1349, confirment les franchise et privilège de ces foires, et, « *pour abréger les paiements desdictes foires et ôter les parties de longs procès en plaidoieries* », établissent deux gardes et un chancelier dépositaire du sceau de la foire, à qui elles donnent *juridiction* sur tous les marchands régnicoles ou étrangers qui les fréquentent. Ces gardes ne devaient pas s'arrêter aux exceptions dilatoires, déclinatoires ou autres, et les marchands étaient soumis de plein droit à la contrainte corporelle pour les conventions passées sous le scel de la foire, sans pouvoir obtenir ni grâce ni lettres de répit (1).

Ils rendaient leurs jugements à deux, et avaient la faculté de s'adjoindre dans les causes difficiles quelques notables marchands ayant exercé longtemps le commerce. (Nous retrouvons cette même disposition dans l'édit de 1563 qui a créé *les juges-consuls.*)

L'appel de leurs sentences était dévolu aux gens du roi qui tenaient les grands jours (2).

Ils prêtaient serment devant la Chambre des comptes, et ce serment était à peu près le même qui fut demandé plus tard aux membres des juridictions consulaires (3).

Aussi plusieurs auteurs et notamment Em. Vincent (4), ont-ils déclaré que la conservation des foires avait été le modèle suivi pour l'institution des juges-consuls.

Il n'est pas inutile d'ajouter, à ce point de vue, que l'Edit même de Charles IX fait une allusion directe à la juridiction des foires par ces mots : *à l'instar de Lyon,* où il y avait en effet une *conservation* célèbre et qu'un édit de Louis XIV, rendu en juillet 1669, enregistré le 23 août, parlant de cette conservation des foires de Lyon, qualifie ainsi son office : « C'est une des plus anciennes juridictions et des plus considérables du royaume *qui a servi d'exemple pour la création*

(1) Teulet et Camberlin. *Manuel des Tribunaux de commerce,* p. 4.
(2) Merlin. *Répertoire,* v° Conservation des foires.
(3) Toubeau. Institutes de droit commercial, p. 47.
(4) Em. Vincent. Explication raisonnée de la juridiction consulaire.

des juridictions consulaires ». C'est pourquoi, aux termes de l'art 1er de ce même édit, le roi laisse la connaissance des procès de commerce au Prévost des marchands et aux échevins de Lyon en leur qualité *de juges-conservateurs* des foires.

Pendant ce temps, Paris avait vu s'organiser aussi une juridiction spéciale aux marchands. Dès le XIIIe siècle, on y trouve un *prévost des marchands*, le *Parlouer aux Bourgeois* ou *aux marchands*, et Chopin, dans son commentaire sur la coutume de Paris rapporte qu'en 1292, Arrode, « prévost de la marchandise de l'icaue, rendit une sentence ».

Enfin il y avait le *roy des marchands* ou *des merciers* qui exerçait une juridiction sur le commerce.

M. de Lamoignon ajoute, dans son mémoire de 1763, qui n'a jamais été cité par aucun auteur et qui est cependant très précieux, notamment sur le sujet qui nous occupe, que, « quand les communes furent établies, les officiers municipaux, qui étaient marchands, jugeaient les affaires des marchands ; que le premier d'entre eux s'appelait le prévost des marchands, et que cette compétence leur fut conservée jusqu'à l'établissement des juridictions consulaires » (1).

Aussi voyons-nous que dans certaines villes le président de

(1) Malgré cette affirmation si formelle du chancelier de Lamoignon, il semble bien que les prévôts étaient surtout des magistrats communaux ayant juridiction sur tous les habitants d'une ville, qu'ils fussent ou non commerçants.

— En ce qui concerne Orléans, la compagnie des « marchands fréquentant la rivière de Loire » continua, même après l'établissement des juges consulaires, à porter les différends qui s'élevaient entre ses membres et les tiers directement devant le Parlement de Paris, qui avait droit de les juger. A la vérité, un arrêt du Conseil du 22 décembre 1682 décida, à la sollicitation de COLBERT, que désormais ces procès seraient jugés par des commissaires particuliers, et défendit à toutes autres juridictions, même au Parlement, d'en connaître. Mais on trouve une déclaration de 1703 décidant que la grand'chambre du Parlement avait encore le droit de statuer sur tous procès dans lesquels la compagnie des marchands fréquentants figurait comme partie ou comme intervenante et la compagnie persista à se prétendre justiciable du Parlement et à envoyer chaque année du cotignac aux conseillers en signe d'obédience.

On sait que cette corporation fut supprimée en 1772 sous le ministère de TRUDAINE et que ses attributions appartinrent désormais au corps des Ponts-et-Chaussées.

la nouvelle compagnie, appelé juge à Paris et à Orléans, conservait le nom de prévost.

Au XVIe siècle, le commerce s'est considérablement accru. Il est installé à demeure dans les grandes villes et nous le voyons tenir aux Etats généraux un langage qui témoignerait à lui seul de son importance.

A Tours, en 1483, les cahiers de doléances, qui étaient alors chose encore nouvelle (les premiers étant, comme on le sait, de 1467), demandent expressément que les procès du commerce soient « vuïdés par les juges le plus soudainement que « faire se pourrait et sans figure de plaids ». Les députés du Languedoc y tiennent déjà ce langage nouveau, alors, mais que tous les édits des rois répéteront ensuite en parlant des marchands : « Le commerce est cause et moyen de faire « venir richesse et abondance de biens en tous royaumes... ; « sans lui la chose publique ne se peut bonnement soutenir. »

Les Etats généraux tenus à Orléans en 1560 sous la direction du chancelier de l'Hospital préparent aussi, d'abord d'une manière indirecte, la création des juges-consuls dans toute la France, en mettant sous les yeux du roi le sombre tableau des abus lamentables que commettaient les gens de justice, et en demandant la généralisation des privilèges réservés aux seuls marchands de certaines provinces. Ils vont même plus loin, et, abordant directement la question, ils demandent, par l'organe du tiers-état, que « pour donner libre cours au fait de marchandise, les maires et échevins connaissent des cédules et obligations de marchand à marchand, de marchand forain à forain, de marchand bourgeois à forain, d'artisan à artisan et de marchand à artisan bourgeois ou forain seulement, et ce, par prévention des juges royaux, à la charge de juger lesdits différends à la simple audition des parties, sans avocats ni procureurs, après l'avis d'autres notables marchands si la matière le requiert, et que leurs sentences soient exécutoires nonobstant l'appel. »

Ce vœu du tiers état est rapporté par M. Picot dans son Histoire des Etats généraux et cet auteur ajoute que, si ce grand projet ne motiva qu'une réponse obscure de l'ordonnance d'Orléans, il est néanmoins possibl   il ait déterminé le chancelier de l'Hospital à instituer la juridiction commerciale. (1)

A partir du milieu du XVIe siècle les édits se multiplient en faveur du commerce. Les rapporter tous serait dépasser les limites de notre sujet; mais il en est trois qui y touchent de si près que nous ne croyons pas pouvoir les passer sous silence, tant ils font voir clairement la tendance de plus en plus grande à créer une juridiction commerciale.

Le premier est de 1549. Il établit à Toulouse une Bourse commune pour les marchands, et, en même temps, il permet expressément à ceux-ci d'élire entre eux, chaque année, un Prieur et deux consuls, à qui il donne mission de décider en première instance sur tous procès entre marchands et fabricants, pour raison des marchandises, foires et assurances.

Et Savary (2), frappé de la grande ressemblance qui existe entre cet édit et celui de 1563, n'hésite pas à déclarer que la ville de Toulouse a été ainsi dotée de la première juridiction consulaire.

Le second Edit est de 1556. Cette fois encore, il s'agit surtout d'une Bourse à établir pour les marchands de Rouen. Trois marchands, dont un prieur et deux consuls, reçoivent la mission de juger les procès de marchands.

Enfin l'ordonnance rendue sous François II, en août 1560, s'exprime ainsi : « Il n'y a rien qui enrichisse les villes, païs « et royaumes que le trafic de marchandise, laquelle est ap- « puyée à la foy des marchands, qui le plus souvent agissent « entre eux de bonne foy sans tesmoings et notaires, sans « garder et observer la subtilité des loys, dont s'ensuit « qu'aulcuns cauteleux et malicieux, au lieu de payer ou faire « payer ce qu'ils ont promis, travaillent par procès ceux avec « qui ils ont négocié... tellement que le *train* de la marchan- « dise en est diminué et anéanti. Pour à quoy obvier et remé- « dier, statuons et ordonnons que dorénavant nuls mar- « chands ne pourraient tirer par procès les uns contre les

(1) V. Picot. *Histoire des Etats généraux*, tome II, p. 217.
(2) Savary. *Dictionnaire de droit commercial.*

« autres pour fait de marchandise par devant les juges, mais « seraient contraints d'élire et s'accorder de trois personnages « ou un plus grand nombre, en nombre impair, si le cas « requérait, marchands ou d'autre qualité, et se rapporter à « eux de leur différend. »

Nous avons tenu à rapporter ici ces remarquables paroles prononcées dès l'origiue de la juridiction consulaire et qui expriment si nettement les règles essentielles de cette institution.

Malheureusement la dernière disposition de l'ordonnance de 1560 n'était pas pratique. Car, s'il est vrai que la solution des procès par des arbitres honorables et compétents représente la meilleure justice, il n'est guère facile en pratique aux commerçants qui sont en procès de s'accorder sur le choix de ces arbitres ; et cette tentative généreuse ne réussit pas mieux alors que tous les essais qu'on en a faits depuis (1). Aussi le sage chancelier de l'Hospital, véritable auteur de cette ordonnance, revint-il bientôt à l'élection de ces juges spéciaux qui étaient alors dans l'esprit de tous et que les marchands eux-mêmes réclamaient, comme le rapporte l'Edit de 1563.

Il compléta les vides qui étaient restés dans les dispositions précédentes, porta à cinq le nombre des juges nouveaux, leur laissa le nom de consuls qui était traditionnel, voulut qu'ils jugeassent au moins au nombre de trois, qu'ils fussent entièrement gratuits, élus pour un an seulement par leurs pairs, c'est-à-dire par une assemblée restreinte de notables marchands, fixa le taux de leur compétence en dernier ressort qu'il porta d'un seul coup à la somme considérable pour le temps de cinq cents livres tournois (les juges ordinaires ne statuaient ainsi que jusqu'à concurrence de moitié, soit 250 livres), déclara leurs jugements exécutoires par provision quelle que fût l'importance du litige (ce qui était le seul moyen de mettre une fin rapide à des procès qui par leur na-

(1) Cependant l'ordonnance de 1560 fut exécutée dans certaines villes et notamment à Metz où Toubeau constate qu'en 1700 il n'y avait pas encore de juridiction consulaire et où les causes des marchands étaient jugées exclusivement par des arbitres choisis par eux.

ture exigent une très grande célérité), ordonna qu'ils statueraient *de plano* et *sans figure de procès*, déclara que le ministère des avocats et procureurs ne serait pas d'usage devant eux, en un mot fit une loi complète de ce qui n'était jusque-là qu'un assemblage informe et différent selon les lieux, et dota rapidement de la nouvelle institution toutes les villes de France qui tenaient un rang important dans le commerce.

Voilà quelle fut l'œuvre du temps et quelle fut celle du chancelier. Comme on le voit, l'institution consulaire existait avant lui dans son principe, mais n'a reçu véritablement l'existence juridique que par l'Edit de 1563 (1).

Nous allons voir maintenant comment elle fut installée à Orléans, et comment elle a fonctionné à la satisfaction du commerce de notre ville jusqu'à ce qu'elle ait été remplacée par le tribunal de commerce qui existe encore aujourd'hui.

(1) Une tradition rapportée par Toubeau dans son livre des *Institutes consulaires*, paru en 1700, voulait que la création des juges-consuls eût été déterminée par le fait suivant :

Un jour, Charles IX étant entré dans la lanterne de la grand'chambre du Parlement à Paris fut sensiblement touché d'entendre prononcer la mise hors de cause de deux marchands qui avaient plaidé depuis plus de 10 à 12 ans et avaient subi tous les degrés de juridiction.

Le roi sortit en déclarant qu'il y avait là un fait intolérable et ce fut de ce jour là que fut résolue la création de la juridiction consulaire.

Cette anecdote, en admettant le fait lui-même comme exact, ne saurait évidemment se rapporter au roi Charles IX, qui était encore enfant en 1563.

II

ÉLECTIONS DES JUGES-CONSULS

1° *Election du* 18 *juin* 1564

La première élection des juges-consuls à Orléans donna lieu à des incidents qui présentent un certain intérêt au point de vue de notre histoire locale. L'Edit avait organisé cette élection de la manière suivante : les échevins avaient mission de nommer et élire en l'assemblée de cent notables bourgeois un juge et quatre consuls chargés de rendre la justice aux commerçants pendant un an. Cette convocation devait être faite dans la huitaine de la publication de l'Edit, qui fut enregistré au Parlement le 6 mars et lu au bailliage le 21 du même mois. L'assemblée ne fut pourtant tenue que le dimanche 18 juin 1564. Ce retard paraît avoir eu pour cause les graves événements qui eurent lieu cette année-là à Orléans.

Les protestants s'étaient emparés de presque toutes les charges et administrations de la ville, et particulièrement de l'échevinat. Une élection faite le 7 mars leur avait livré les douze sièges qui le composaient, ainsi que les deux greffes y attachés. Les échevins protestants, aussitôt l'Edit paru, avaient pris une délibération suivant laquelle ils choisiraient le juge et deux consuls parmi les partisans de la nouvelle religion et n'accorderaient que deux consuls aux catholiques. Bien plus, par un excès évident de pouvoir (car l'Edit ne donnait que pour la première année l'élection des juges consulaires aux échevins et la confiait pour les années suivantes aux notables marchands réunis désormais par les soins des juge et consuls en exercice), les échevins protestants avaient décidé que, l'année suivante, le juge serait pris parmi les catholiques, et que, dans la suite, ce juge serait choisi alternativement, une année parmi les réformés, et, l'année d'après, parmi les partisans de l'ancienne religion.

Sur ces entrefaites, le chancelier, averti de ce qui se passait à Orléans, chercha à y remédier. Il fit nommer Philibert de Marcilly, sieur de Sypierre, gouverneur de la ville, le 5 avril, et celui-ci, dès le 1er mai, nomma de son autorité douze échevins catholiques, en sorte qu'il y eut cette année-là vingt-quatre échevins à Orléans. En outre, le nouveau gouverneur décida que, pour être valables, les délibérations des échevins devraient être prises par quatorze d'entre eux au moins, dont sept catholiques et sept protestants. Enfin toute délégation envoyée au roi devrait se composer de deux échevins de l'un et l'autre culte.

En ce qui concernait l'élection des juges consulaires (et ici nous analysons une pièce authentique conservée aux archives de la ville sous la cote F.F. 44), le roi, averti de la délibération prise par les échevins protestants, avait déclaré, par lettres missives, que son vouloir et son intention étaient que, pour la présente année, le juge fût pris parmi les catholiques, ainsi que deux consuls, les deux autres consuls pouvant être choisis parmi les protestants, et que, pour les années suivantes, il voulait être « averti ».

Par suite, le gouvernement royal, contrairement à la demande des échevins protestants, exigeait que le juge fût catholique en 1564, et, loin d'accepter le roulement proposé par les protestants pour les années suivantes, il s'opposait formellement à laisser établir ce précédent qui aurait été absolument contraire aux termes de l'édit.

Les choses en cet état, cent notables marchands d'Orléans (1), convoqués par Pierre Stamples, receveur des deniers communaux et, en cette qualité, chef des échevins, se réunirent dans la grande salle de l'Hôtel commun donnant sur la rue Sainte-Catherine, et la séance fut ouverte en présence de deux

(1) On en trouvera la liste aux pièces justificatives.

notaires chargés de rédiger le procès-verbal de ce qui allait être dit et fait. Pierre Stamples, qui professait la religion réformée, prit la parole pour exposer l'objet de la réunion. Il fit donner lecture de l'Édit et le commenta en ce qui concernait l'élection. Suivant lui, « il semblait » en résulter que le choix à faire des cinq premiers magistrats consulaires appartenait aux échevins ; mais ceux-ci avaient décidé entre eux d'en laisser le soin à l'assemblée « si nombreuse et si honorable des marchands ». Il était en effet bienséant et raisonnable que ces magistrats fussent désignés par ceux-là mêmes dont ils devaient juger les différends. En conséquence, les échevins proposaient de laisser aux marchands le soin de procéder eux-mêmes « en toute simplicité et conscience » au choix de « personnes dont ils connaissaient la prudhommie. Destinés à retirer tout le bénéfice de la nouvelle juridiction, il leur appartenait d'élire parmi eux des hommes habiles à leur rendre justice avec la célérité que comportent les affaires du commerce. »

C'était là un discours fort habile, et on peut sans témérité penser que Pierre Stamples, parlant devant une assemblée de ces mêmes notables qui, le 7 mars précédent, avaient coopéré à l'élection d'un conseil d'échevins tous protestants, caressait le secret espoir de leur voir choisir cette fois encore le juge et les quatre consuls parmi les adhérents de la nouvelle religion.

Mais aussitôt deux des principaux bourgeois catholiques, Guillaume Beauharnais et François Colas des Francs, répondirent qu'aux termes de l'Édit il ne pouvait y avoir de doute. Le roi avait « enjoint aux échevins de nommer et élire en l'assemblée de cent notables » les cinq nouveaux magistrats. Ils ajoutaient qu'il était à leur connaissance que le roi avait décidé, par des lettres missives envoyées aux échevins, que ceux-ci seraient tenus de prendre le juge et deux consuls au moins parmi les catholiques. Sans doute les échevins protestants avaient décidé entre eux d'établir pour les années suivantes une sorte de roulement d'après lequel le juge serait alternativement de l'une puis de l'autre religion ; mais cela ne se devait pas faire, le roi en ayant décidé autrement. Il y avait à cet égard des lettres envoyées par le roi. Il fallait s'y référer.

En vain les protestants, se ralliant à l'opinion de Pierre Stamples, répondirent qu'il n'y avait aucun inconvénient à adopter sa motion. Les catholiques furent à peu près unanimes pour déclarer que l'Édit ne donnait pas aux notables, mais aux seuls échevins, le droit de choisir les juges consulaires cette année-là, et refusèrent pour leur part de procéder à cette élection.

Alors les échevins suspendirent la séance et se retirèrent dans leur conclave, suivant l'expression du procès-verbal. Là, les échevins catholiques, s'en tenant aux ordres du roi, élurent trois magistrats de leur religion, savoir : pour juge, François Colas des Francs, celui-là même qui venait de prendre si énergiquement la parole dans l'assemblée, et pour consuls, François Stamples et Louis Le Masne. Ils firent ensuite connaître à leurs collègues les choix qu'ils avaient faits et les engagèrent à procéder de leur coté à l'élection des deux autres consuls. Les échevins de la religion réformée tâchèrent de faire revenir les autres sur leur décision. Tout à l'heure, disaient-ils, il y avait des marchands catholiques qui pensaient eux-mêmes que l'élection pouvait être faite par l'assemblée. Pourquoi ne pas opérer ainsi? qu'y avait-il de plus convenable que de laisser nommer les nouveaux magistrats par tous les notables, sans distinction de religion?

Non, répondaient à leur tour les échevins catholiques. Il n'y a guère qu'un ou deux marchands de notre religion qui aient émis une opinion favorable à l'élection par l'assemblée. Ce serait d'ailleurs manquer de correction envers le roi dont la volonté bien connue résulte non seulement de l'Edit, mais encore de lettres qui sont aux mains du receveur Pierre Stamples. Notre élection étant faite, ajoutaient-ils, que les autres procédent à leur tour à celle que le roi leur avait réservée en nommant, si bon leur semblait, deux consuls appartenant à la religion prétendue réformée.

Les autres échevins, persévérant à soutenir que l'élection appartenait à l'assemblée, demandèrent à la consulter encore une fois, avant de prendre une décision.

D'un commun accord, le procès-verbal de cette délibération fut rédigé aussitôt par Provenchère, l'un des notaires présents, afin d'en donner connaissance aux notables, et tous les échevins retournèrent dans la salle où ceux-ci étaient restés réunis.

Lecture faite de l'acte, les marchands catholiques déclarèrent accepter les choix faits par les échevins de leur religion et répétèrent, unanimement cette fois, qu'ils s'en tenaient au texte de l'Edit et à la lettre par laquelle le roi avait manifesté si nettement sa volonté. Montrez cette lettre, disaient-ils au receveur Stamples, et, comme celui-ci refusait de répondre, Colas des Francs et après lui Lhuillier, l'un des échevins catholiques, affirmèrent qu'ils étaient certains du contenu de la lettre du roi, dont ils avaient chacun fait prendre une copie certifiée par un notaire.

Pierre Stamples se décida enfin à faire connaître que les échevins protestants avaient, de leur côté, procédé à l'élection et avaient nommé, pour juge : Jacques Bourdineau l'aîné, l'un des notables présents, et pour consuls : Jehan Sallomon et Guillaume Aubery, seigneur des Barreaux. En agissant ainsi, les protestants s'étaient, suivant lui, conformés aux ordres du roi tels qu'ils résultaient de la lettre en question. Au surplus, ajoutait-il en terminant, veut-on couper court à toute difficulté? Seule l'élection du juge est en question. Pourquoi ne pas considérer dès lors comme définitive celle des quatre consuls et ne pas tirer au sort le nom du juge ? Ce sera Colas des Francs ou Bourdineau, suivant que le nom de l'un des deux sortira le premier.

Mais les catholiques rejetèrent cette proposition. Ils acceptaient le choix des deux consuls faits par les échevins de la religion prétendue réformée. Ceux-ci, à leur tour, devaient accepter le choix du juge et des deux autres consuls faits par les échevins catholiques.

A ce moment, Jacques Bourdineau l'aîné, que les échevins protestants venaient de proposer comme juge, se leva et déclara qu'il n'acceptait pas cette charge, à laquelle « il ne saurait ni vaquer ni entendre ».

Pour en finir, l'assemblée décida qu'il y avait lieu d'en

référer au roi et de faire ce qu'il déciderait. En conséquence, les notaires furent requis par les échevins de dresser le procès-verbal de tout ce que l'assemblée des notables venait de faire, et de leur en délivrer une expédition qui serait mise sous les yeux de Charles IX. Puis, quelque temps après, les échevins dépêchèrent à Paris deux de leurs collègues : l'un, Edouard de Meulles, pris parmi les catholiques, l'autre, Anthoine Damain, au nom des protestants. Ceux-ci remplirent leur mission, et, à leur retour, rapportèrent au conseil, réuni le 2 septembre 1564, que le chancelier, qui les avait reçus, leur avait expressément déclaré, sans vouloir d'ailleurs « leur expédier, bailler ni délivrer aucune lettre par écrit », que « le vouloir et intention du roi était que, pour la présente et première année, le juge des consuls fût de la religion catholique, ainsi que deux consuls, et que les deux autres fussent de la religion prétendue réformée ».

L'élection du 18 juin se trouva ainsi définitivement acquise et les échevins le reconnurent en proclamant juge Colas des Francs et consuls François Stamples, Louis Le Masne, Jean Salomon et Guillaume Aubery. Après quoi ils chargèrent Erasme Pâris, leur procureur, de donner aux élus avis de leur nomination et de leur faire remplir la formalité du serment.

Le premier Juge ainsi élu était un homme remarquable et qui a laissé un nom dans l'histoire de l'Orléanais. Echevin dès 1543, puis receveur des *chemins* communaux pendant les troubles, il avait sauvegardé en 1563 la caisse des *marchands fréquentants* contre les déprédations des Huguenots. Après avoir exercé sa charge de Juge, il devint maire de la ville en 1575 et coopéra à la réforme des coutumes de la ville,

L'auteur du manuscrit conservé à la bibliothèque de la ville sous le titre de *Catalogue de ceux qui furent juges et consuls* dit de lui : « il a témoigné à ses concitoyens ses résolutions ès affaires importantes et donné l'exemple des vertus » (1).

Dès cette première année, les nouveaux magistrats durent

(1) Voir aux pièces justificatives la liste de tous les juges-consuls élus de 1564 à 1791. — Le catalogue se trouve à la Bibliothèque d'Orléans sous la cote M. S., n° 41.

accepter la lutte engagée contre leur juridiction par le bailliage et obtinrent du Parlement un premier arrêt en leur faveur. Nous aurons l'occasion d'y revenir dans le chapitre consacré à l'histoire des débats de toute nature qui s'élevèrent dès l'origine et continuèrent jusqu'à la Révolution entre les juges-consuls et les bailliages et sénéchaussées de l'Orléanais.

2° *Élections postérieures*

Aux termes de l'Édit, ainsi qu'il a été indiqué ci-dessus, les élections, à partir de la deuxième année, devaient être faites par trente marchands choisis eux-mêmes dans une assemblée de soixante notables.

La seconde élection eut lieu sans difficulté au mois de juillet 1565. Il semble bien qu'il ne fut plus question de la distinction des religions. Rien, en tout cas, ne l'indique dans le catalogue.

Les élections suivantes auraient dû avoir lieu toujours à la même époque, puisque les juges-consuls n'étaient nommés que pour un an et que leurs pouvoirs expiraient le 31 juillet de chaque année. On voit cependant par le catalogue qu'elles furent quelquefois repoussées jusqu'en août et septembre et que notamment en 1592, le bailliage dénonça ces retards au Parlement et que celui-ci, par l'organe de Demoustelon, conseiller, ordonna que désormais les juges-consuls devraient toujours entrer en charge au premier jour d'audience du mois d'août.

Les élections donnèrent lieu du reste à d'autres incidents. C'est ainsi qu'en 1709, un commissionnaire en épicerie nommé De la Selle ayant été nommé consul, le maire et les échevins prétendirent que, seuls, les négociants étaient éligibles. La question fut portée devant le Parlement par les commissionnaires en épicerie qui eurent gain de cause, en 1711. Pendant les deux années que dura ce procès, les mêmes juges-consuls restèrent en exercice.

Une autre question relative aux élections fut aussi jugée par le Parlement à cette époque. Jusque-là, on avait pensé que les consuls ne pouvaient pas être nommés plusieurs fois, même à une ou plusieurs années d'intervalle, et cela n'allait pas sans inconvénient, surtout au commencement du

XVIIIe siècle où, nous rapporte le catalogue, en faisant une évidente allusion aux malheurs qui ont marqué la fin du règne de Louis XIV, le commerce était notablement diminué. Il suivait de là qu'il était difficile de trouver chaque année quatre consuls nouveaux parmi les marchands.

Cette pratique avait un autre résultat non moins fâcheux : c'est que les nouveaux élus ne connaissaient rien aux affaires de la juridiction. D'où de nombreux jugements mal rendus, donnant lieu à des appels et à de nombreuses infirmations. Il faudrait donc, disait un mémoire dressé par les juges-consuls d'Orléans, en 1709, prendre dans le nombre de ceux qui ont été déjà consuls non seulement le Juge, mais encore deux autres pour, avec les deux nouveaux, composer le nombre de cinq.

Les motifs de cette requête parurent si concluants à de La Bourdonnaye, intendant de la généralité d'Orléans, qu'il n'hésita pas à l'appuyer, et, sur le rapport de Desmarêts, conseiller, le Parlement rendit un arrêt favorable dont lecture solennelle fut faite au Consulat, le 4 septembre 1710. Aussi, à partir de 1712, voyons-nous chaque année figurer au catalogue un consul *ancien* qui prenait rang aussitôt après le juge.

Une autre amélioration, d'où procède sans aucun doute l'organisation actuelle des juges suppléants de nos tribunaux de commerce, fut faite en 1715. L'édit de création avait permis aux juges consulaires de s'adjoindre « un tel nombre de personnes de conseil qu'ils aviseraient ». Cette disposition n'était pas nouvelle ; on la trouvait déjà dans l'édit de 1349 relatif aux foires de Brie et de Champagne et dans ceux de 1549 et de 1556, qui avaient érigé les premiers tribunaux consulaires à Toulouse et à Rouen.

Les juges de commerce en tiraient de nombreux avantages, tels que : l'accélération des procès et une grande économie de frais. Mais il était à désirer que la coutume en devînt universelle, surtout pour préparer les conseillers ainsi appelés à entrer plus tard au Consulat. C'est dans ce but qu'à Orléans, à partir de 1715, on nomma chaque année quatre conseillers, dont nous voyons depuis lors figurer les noms au catalogue après ceux des consuls. Ils n'avaient que voix consultative et on leur renvoyait les affaires de comptes, les vérifications de livres. Ils faisaient ensuite leur rapport au Tribunal.

Les quatre premiers conseillers furent François Auboin, de Cougniou-Marseille, Gulhéville et Lenormand. Nous donnons la liste de tous les autres aux pièces justificatives (1). On voit par cette liste que presque tous les conseillers passaient ensuite consuls, souvent consuls anciens et qu'enfin plusieurs d'entre eux devinrent Juges ou présidents. Par ce moyen, on formait ainsi une véritable pépinière de juges-marchands.

Cette institution nouvelle fonctionna donc à la satisfaction commune. Une seule année, en 1720, on voit au catalogue que les conseillers s'étant abstenus d'assister régulièrement aux audiences, il fut décidé que provisoirement on n'en nommerait plus de nouveaux. Mais on revint à cette pratique dès 1722, et, cette fois, pour continuer sans aucune interruption jusqu'à la fin.

En 1763, le chancelier de Lamoignon, chargé par le roi d'établir un projet de règlement général des juridictions consulaires en France, trouvait cette manière de faire si avantageuse qu'il proposait de l'étendre à toute la France.

A cette même époque, les juges-consuls d'Orléans, appelés à donner leur avis sur le projet du chancelier, racontaient ainsi la manière dont se faisaient les élections en notre ville.

« La simplicité et la candeur qui règnent dans ces élections, disaient-ils, nous engagent à en donner le détail :

« Le premier lundi après le 22 juillet, fête de la Madeleine, les juges-consuls, après leur siège, s'assemblent en chambre du conseil pour dresser la liste de leurs successeurs.

« Cette liste se compose de cinq classes :

« Dans la première, on compte quatre négociants ayant dejà passé une fois par la charge de consul en premier, et ayant été par conséquent deux fois consuls.

« C'est parmi ces quatre négociants que doit être choisi le juge.

« Dans la deuxième, on prend quatre négociants ayant déjà été consuls et dont l'élu devient consul ancien.

(1) Voir aux pièces justificatives la liste des juges-consuls et des conseillers ou suppléants.

« Dans la troisième, on prend quatre marchand de draps.

« Dans la quatrième, quatre marchands épiciers.

« Dans la cinquième, quatre marchands en gros de tous états.

« Parmi les douze marchands de ces trois dernières classes, les juges-consuls choisissent les trois derniers consuls, dont le rang est ensuite déterminé par l'âge et non par le nombre des voix obtenues.

« Les notables sont ensuite invités par lettre à l'élection qui a lieu le lendemain à onze heures.

« Le greffier écrit la liste des cinq candidats que le Consulat présente et les deux plus jeunes membres de la compagnie vont porter cette liste aux maire et échevins, à qui ils la laissent pour observations et qui la renvoyent presque aussitôt par leur greffier.

« Les mêmes délégués se rendent ensuite au bureau des marchands fréquentants, réuni tout exprès, leur donnent lecture de la liste et les invitent à venir voter. »

Le même jour, de quatre à cinq heures (cette heure est indiquée dans un petit volume sans date ni nom d'auteur publié à Orléans, chez Charles Jacob, imprimeur-libraire et intitulé : Recueil de plusieurs édits, déclarations et ordonnances du roy avec plusieurs arrêts concernant la juridiction consulaire), l'élection avait lieu dans la salle du Consulat en présence des maire et échevins, des marchands fréquentants et des invités. Le président annonçait à l'assemblée le sujet de la convocation qui, à diverses reprises, eut pour but, comme nous le verrons, non seulement d'élire le juge et les consuls, mais encore de demander l'avis des notables sur des questions intéressant la juridiction. Après un petit discours sur les avantages du commerce et de la juridiction, le juge donnait ordre au greffier de faire lecture de la liste, qu'il présentait ensuite aux maire et échevins, puis aux marchands fréquentants et enfin aux anciens présidents, membres de droit de l'assemblée et placés par honneur dans l'enceinte du barreau.

Lorsque chacun avait donné son suffrage « sans autre égard que le mérite », dit le catalogue, le greffier remettait la liste sur le bureau. Puis il appelait à haute voix les invités à voter à leur tour.

Enfin la liste, reprise par le greffier, était présentée à la compagnie, en commençant par les consuls et en finissant par le Président qui, ayant compté les suffrages avec le maire, proclamait les noms de ceux qui étaient élus. Le greffier avertissait aussitôt ceux-ci en les congratulant, dit le recueil cité plus haut (1), « sur la joie qu'il avait du degré d'honneur qu'ils avaient acquis par leurs mérites ».

Ajoutons qu'il résulte d'une mention, mise au catalogue en 1784, qu'il était alors d'usage que le juge qui sortait de charge invitât la nouvelle compagnie à un déjeuner servi chez lui, à dix heures du matin, le jour des visites.

Voilà comment les élections consulaires se faisaient à Orléans. Mais il était loin d'en être de même dans toute la France. Autant de villes, autant d'usages différents.

Il y avait bien quelques règles générales. Ainsi on admettait partout qu'il fallait être non seulement français mais encore marchand depuis six ans, habitant de la ville où se tenait le tribunal, et catholique, depuis la révocation de l'Edit de Nantes. L'âge requis pour être juge était de quarante ans. Il fallait avoir vingt-sept ans pour être consul. Ainsi l'avait décidé un arrêt du Parlement du 9 novembre 1673, annulant l'élection d'un consul que les marchands de Poitiers avaient choisi, bien qu'il eût moins de vingt-quatre ans. Ceux qui avaient usé du bénéfice des lettres de répit étaient inéligibles et on rayait du tableau, sauf réhabilitation ultérieure, les juges ou consuls déclarés plus tard en faillite. Les magistrats consulaires, comme les juges ordinaires, ne pouvaient siéger en même temps qu'un de leurs parents jusqu'au quatrième degré.

Mais la plus grande variété existait quant à la date des élections, au nombre des électeurs, et même au nombre des juges. Ce fut l'une des causes qui motivèrent le rapport du chancelier de Lamoignon. Il aurait voulu établir partout l'uniformité.

(1) V. Bibliothèque d'Orléans B. 1598, *Consulat.*

A titre d'exemples, nous citerons les cas suivants : A Toulouse, à Rouen et à Bordeaux, il n'y avait que trois magistrats consulaires, un président et deux consuls ; à Poitiers, il y en avait quatre ; à Marseille et à Lyon, il n'y en avait que deux.

Le Juge portait dans certains pays le nom de Prieur (Toulouse et Rouen) ; ailleurs il s'appelait Prévost (Bourges) ; à Lyon, il avait gardé le titre de Conservateur du privilège des foires.

Dans les villes où ils étaient au nombre de cinq, ils ne pouvaient juger valablement qu'à trois ; où il y en avait trois, ils devaient être deux pour juger, et là où il n'y en avait que deux, ils devaient siéger ensemble.

A Paris, où il y avait un juge et quatre consuls, comme à Orléans, l'élection avait lieu la veille de la fête de la Purification, c'est-à-dire le 1er février ; à Bourges, c'était le premier jour de l'an ; à Chalon-sur-Saône, le dimanche après la Saint-Pierre et Saint-Paul (29 juin) ; à Châlons en Champagne, le 1er septembre ; à Poitiers, le mercredi qui suivait la Saint-Martin (11 novembre) ; à Clermont-Ferrand, le premier jour de novembre. Nous avons vu qu'à Orléans l'élection avait lieu le premier lundi qui suivait la fête de sainte Madeleine, 22 juillet. Cela venait de ce que la première élection de ces consulats avait eu lieu à ces diverses dates.

Il y avait à Paris comme à Orléans soixante notables assemblés, quarante à Bordeaux, cinquante à Bourges et vingt seulement à Lille et à Valenciennes. Il y a là une indication qui n'est pas à négliger au point de vue de l'importance du commerce d'Orléans dès le XVIe siècle.

A Paris, les notables étaient composés, outre des anciens consuls, des maîtres et gardes des six corps (draperie, apothicairerie et épicerie, mercerie et joaillerie, pelleterie, bonneterie, orfèvrerie), de délégués : des marchands de vins, de poisson de mer, de gravelle, de bois et de laines, puis plus tard de délégués des teinturiers et des libraires.

Ils votaient par bulletins mis dans la toque du greffier. Quand deux candidats avaient obtenu un nombre égal de voix, on remettait dans la toque les bulletins qui portaient les deux noms, on les y *ballottait*, et celui qui sortait ensuite le premier était le nom de l'élu. A Orléans, nous avons vu qu'on votait au moyen d'une marque apposée sur la liste et qu'en cas d'égalité l'élection appartenait au plus âgé.

A Beauvais, ceux-là seuls, d'après l'Edit, pouvaient être élus qui étaient sur la liste des notables convoqués ; à Clermont, il fallait être présent à l'assemblée.

A Rouen, le Parlement s'était réservé le droit de se faire représenter à l'élection par deux présidents ou conseillers.

A Limoges, c'étaient les échevins qui convoquaient les notables jusqu'à ce qu'un arrêt du 10 février 1778 eût rendu cette prérogative au consulat.

A Paris, il y avait un service solennel pour le repos de l'âme des consuls trépassés, célébré la veille de l'élection à Saint-Médéric, en présence des consuls en exercice et de tout le corps des notables. Après l'élection, le consulat se rendait en corps, huissiers et greffiers en tête, chez les élus pour les avertir. Le lendemain, il y avait une messe du Saint-Esprit.

A Bourges, on célébrait aussi une messe du Saint-Esprit après l'élection, et le prévôt ainsi que les consuls y assistaient en robe et en toque.

A Orléans, l'élection était très solennelle. Les anciens juges et consuls, le maire, les échevins, les conseillers du roi, les notaires, greffiers et procureurs étaient invités à y assister. Mais nous n'avons trouvé trace nulle part d'un service religieux.

Le chancelier, dans son rapport, proposait que partout la date des élections fût ramenée au mardi d'avant Noël, et l'installation à la première audience de janvier.

Il aurait en outre voulu, pour donner plus d'expérience et par conséquent de prestige aux juges consulaires, qu'on imitât partout ce qui se pratiquait à Paris depuis 1728, à savoir que l'entrée en charge du plus jeune des anciens consuls et du plus jeune des nouveaux fût remise à six mois après leur élection, et qu'ils y restâssent six mois après l'élection suivante.

Toujours attentifs au bien de leur juridiction, nos consuls orléanais, après avoir mûrement étudié cette amélioration, réunirent une assemblée spéciale du commerce, le 22 août 1783 et obtinrent à l'unanimité que désormais les choses se passeraient ainsi à Orléans. Le Parlement, par arrêt du 9 décembre 1783, homologua cette délibération, et, dès l'année 1784, pendant que le premier et le quatrième consuls nommés l'année d'avant restaient en charge jusqu'au 1er février de l'année suivante, le premier et le quatrième consuls récemment élus n'entraient en charge qu'à cette dernière date.

III

PRESTATION DE SERMENT DES JUGES-CONSULS

Ainsi qu'on l'a vu plus haut, l'Édit de création avait ordonné que les juge et consuls élus pour la première fois prêteraient serment devant les échevins, et que ceux qu'on élirait dans la suite rempliraient cette formalité devant les anciens.

Mais le Parlement de Paris, en enregistrant l'Édit, le 6 mars 1564, ordonna au contraire que les juge et consuls viendraient chaque année prêter serment devant lui. La raison qu'il en donna fut la suivante : L'Édit avait déclaré que les affaires soumises au consulat et dont l'importance dépasserait cinq cents livres tournois seraient sujettes à appel, et que les « appellations seraient relevées et ressortiraient en la Cour de Paris et non ailleurs ». S'emparant de cette disposition, le Parlement déclara qu'il était de règle que le juge de première instance prêtât serment devant la Cour où ses appels devaient être portés et, par voie de conséquence, il décida que les juge et consuls d'Orléans devaient faire le serment devant lui.

Les échevins se pourvurent aussitôt contre cet arrêt devant le Conseil d'État du roi. Mais, comme la solution se faisait attendre et qu'il importait de ne pas retarder l'inauguration d'une juridiction fort désirée par les bourgeois, les juge et consuls élus le 18 juin 1564 se décidèrent à faire les frais alors assez considérables d'un voyage de cinq personnes à Paris et se présentèrent le 13 octobre suivant devant le Parlement.

On trouve dans le petit recueil intitulé *Consulat* (1), qui est conservé à la bibliothèque de la ville, une copie manuscrite

(1) V. note page 26.

du procès-verbal de cette cérémonie, extrait du registre de la Cour. On y lit que nos cinq magistrats, mandés en la chambre des vacations, ont solennellement affirmé que, pour parvenir à leur état de juge et consuls ils n'avaient ni baillé, ni promis bailler ou faire bailler, ni promesse ni espérance de donner, par eux ni par autres, or, argent, ou chose équipollente. Après quoi ils ont juré « de bien et deûment exercer lesdits état et charge de juge et consuls, suivant l'édit notifié par la Cour ».

Il fut fait de même après les élections de 1565 et de 1566.

Cependant la question de savoir en quel lieu et devant qui les juges-consuls devaient prêter serment était toujours pendante. Les échevins d'Orléans faisaient valoir que la prétention du Parlement était contraire à la volonté du roi nettement exprimée ; que d'ailleurs il n'était pas possible à des juges dont les fonctions étaient absolument gratuites et qui étaient très occupés par leurs propres affaires, de se rendre chaque année à Paris; qu'il était à craindre que tel marchand, d'ailleurs capable et digne de la charge à tous points de vue, ne la refusât à cause de la dépense et de la difficulté du voyage.

Le roi donna en partie gain de cause aux échevins en dispensant, par arrêt du Conseil d'État du 16 décembre 1566, les juges-consuls d'Orléans de se rendre à Paris. Mais, prenant un moyen terme, il ordonna que le serment serait par eux prêté devant le bailliage. Toutefois, à raison des graves difficultés qui déjà s'étaient élevées entre les juges ordinaires et les juges-consuls, le roi prit soin de déclarer que cela se ferait devant le bailliage, « non par aucune dépendance des juges-consuls, mais comme représentant la Cour comme commissaire délégué en cette partie ».

Le Parlement, en enregistrant cette décision, le 17 février 1567, y ajouta que le serment serait reçu sur place, soit devant le premier président de la Cour, ou un conseiller, ou un maître des requêtes en cette Cour, trouvés sur les lieux, soit, à défaut, devant le bailli.

La même opposition des Parlements se rencontra dans presque toute la France. Toujours les rois, en créant des consulats, répétèrent que le serment serait prêté devant les échevins la première année, puis devant les anciens. Presque toujours, et malgré des décisions royales très expresses, les juges-consuls furent obligés d'aller, soit devant le Parlement, soit devant les bailliages.

Le consulat d'Orléans, fort mal accueilli dès l'origine par les juges ordinaires, et depuis lors toujours obligé d'en appeler contre leurs excès devant le Parlement et devant le Conseil d'État du roi, souffrait avec impatience cette nécessité d'aller chaque année s'incliner devant ses irréconciliables ennemis. Il ne cessa de demander l'application pure et simple de l'Édit de création. Il faisait valoir qu'il en était ainsi notamment à Bordeaux, à Auxerre, à Reims, à Rouen, à Montpellier et à Valenciennes. Les choses en vinrent à ce point et les relations entre les deux juridictions voisines parurent au Parlement lui-même être devenues si mauvaises, qu'à la date du 1er août 1760, sur une requête présentée trois jours avant, le 29 juillet, par Paris-Miron, juge, Massuau de Villain, Ravot, Geffrier Ollivier et Sédillon, consuls, il décida que ceux-ci et leurs successeurs prêteraient le serment d'entrée en charge devant les juge et consuls sortants, sauf à réitérer la formalité devant un membre du Parlement quand il en viendrait un sur les lieux.

L'année suivante, 1761, les nouveaux élus s'empressèrent d'adresser semblable requête au Parlement et obtinrent, dès le 31 juillet, un nouvel arrêt leur permettant expressément de prêter serment devant les anciens.

Quand on sait combien étaient longues les procédures du temps, on comprend qu'il fallut des motifs bien graves pour que le Parlement renonçât avec tant de facilité à une prérogative pour l'obtention et le maintien de laquelle il avait lutté pendant deux cents ans contre la volonté du roi et les efforts de tous les consulats. C'est que, comme nous le verrons, la situation était devenue tout à fait tendue entre les juges-consuls et les juges ordinaires à Orléans.

Le chancelier de Lamoignon, dans son rapport de 1763, estimait légitime cette manière de faire. « Le serment, dit-il, « doit être prêté au Parlement, dans les villes où il y en a

« un, ailleurs devant les anciens consuls. Cela est conforme « à l'édit de création pour Orléans, Poitiers, La Rochelle, « Angers, Nantes, Saint-Malo, Troyes, Autun, Chalon-sur- « Saône, etc. »

Le consulat, tout heureux de ce résultat, se hâta de remplir la formalité devant les anciens et les choses continuèrent ainsi jusqu'en 1783.

Quant aux juges ordinaires, ils s'en montrèrent fort irrités et nous les entendons, dans le mémoire qu'ils adressent au roi, en 1764, pour répondre au rapport du chancelier, s'exprimer fort amèrement sur ces deux arrêts du Parlement.

« Le serment, disaient-ils, doit être prêté, d'après la décla- « ration du roi, devant le bailli. Cela s'est toujours exécuté à « Orléans, excepté depuis deux ans que les juges-consuls ont « obtenu, on ne sait sur quel fondement, un arrêt sur requête « qui porte que les nouveaux élus feront le serment devant « les anciens, arrêt contre lequel les officiers du bailliage, *en « conséquence du dégoût général qui règne dans les affaires « de la magistrature*, ont négligé jusqu'ici de se pourvoir « sur opposition. »

Et, suivant leur vœu, voici que, quelques années après, le lieutenant général Curault introduisit devant le Parlement de Paris une instance tendant à ce qu'on revînt aux anciens errements. Celui-ci s'appuyait, dit le catalogue, sur l'ancien usage, sur la déclaration du roi du 15 décembre 1566, et sur un arrêt du 1er juin 1660 rendu entre le lieutenant-général de Troyes et les juges-consuls de la même ville qui, sur les conclusions conformes de l'avocat général Talon, avait ordonné aux juges-consuls de prêter serment devant le lieutenant-général de leur bailliage.

Dans cette situation, nos juges-consuls, craignant un échec, réunirent le 22 août 1783 une assemblée générale des notables commerçants, et leur demandèrent de les autoriser à transiger avec le bailliage d'Orléans en prenant un arrêt d'accord aux termes duquel, au lieu de prêter serment devant le bailliage tout entier, le consulat remplirait cette formalité à l'issue de l'audience du bailliage et devant le seul lieutenant-général. L'assemblée se rangea à cet avis, et à la date du

9 décembre 1783, le Parlement rendit un arrêt homologuant cette délibération.

C'était la première fois que, depuis la création du consulat, un accord avait pu se faire entre lui et les officiers du Présidial. Aussi semble-t-il que de part et d'autre on ait voulu célébrer avec un certain éclat cette réconciliation.

Voici, d'après le catalogue, comment les choses se passèrent.

Le 3 août 1784, les juge et consuls, avant de monter à leurs sièges, se rendirent au Châtelet pour prêter serment.

Le président Raguenet, juge en l'année précédente, convoqua chez lui les deux compagnies, celle qui allait sortir de charge et celle qui venait d'être élue. Chacun vint en habit de visite, cheveux longs, cravate et manteau. A midi on se mit en marche. Dans une première voiture prirent place les deux présidents. Les deuxième et quatrième consuls de l'année précédente se placèrent dans une autre voiture avec les deuxième et quatrième consuls nouveaux. Les quatre autres consuls des deux années suivirent dans une troisième voiture.

On alla au pas jusqu'à l'intérieur de la cour du Châtelet où les deux compagnies trouvèrent les huissiers du consulat venus en robe pour les attendre. Descendus de voiture, les juges-consuls se rangèrent sur deux lignes, les anciens à droite par honneur, et les nouveaux à gauche. Précédés des huissiers, ils gravirent le perron qui conduisait à la grande salle, et y trouvèrent les huissiers du bailliage venus à leur rencontre et qui, se joignant à ceux du consulat, conduisirent le cortège jusqu'au parquet des gens du roi pour y attendre la fin de l'audience.

Puis les deux compagnies entrèrent dans la salle du conseil et, par les soins du lieutenant-général qui se tenait au fond, se rangèrent, les anciens toujours à droite, les nouveaux à gauche, et les huissiers par derrière en dehors de la barre.

Le greffier prit les noms, le serment fut prêté et le procès-verbal fut rédigé. L'émolument de cet acte, dit le catalogue, fut partagé entre le greffier du bailliage et celui du consulat.

Enfin les deux compagnies se retirèrent dans le même

ordre, précédées par tous les huissiers. Ceux du bailliage s'arrêtèrent sur le perron; ceux du consulat allèrent jusqu'aux voitures où, ajoute le rédacteur, « chacun de Messieurs se placèrent sans distinction ».

La même cérémonie eut lieu en 1785 et en 1786.

Mais l'année 1787 allait amener encore un changement. Suivant l'opinion du chancelier, le roi Louis XVI, par des lettres-patentes du 18 août de cette année, ordonna que désormais on s'en tiendrait à l'Édit et que le serment des juges-consuls nouvellement élus serait prêté devant les anciens.

« Nous avons été informé, dit le roi, que, dans plusieurs « villes de notre royaume, où il a été établi des juridictions « consulaires, des difficultés se sont élevées entre les lieute- « nants-généraux de nos bailliages, sénéchaussées et prési- « diaux et les juges-consuls relativement à la prestation de « serment de ces derniers, et que, par la crainte d'éprouver « les désagréments qui en résultaient, des marchands distin- « gués par leur probité et leurs lumières, évitaient, autant « qu'il était d'eux, d'exercer les fonctions attribuées auxdits « juges. Dans la vue de remédier à cet inconvénient, nous « nous sommes fait représenter les édits et déclarations ren- « dus par les rois nos prédécesseurs et nous nous sommes « convaincu que, dans le plus grand nombre de ces juridic- « tions, les juge et consuls nouvellement élus doivent, aux « termes de ces lois, prêter serment devant les juges sortant « de charge et que, si quelques lieutenants de nos bailliages, « sénéchaussées et présidiaux se sont cru fondés à exiger « desdits juge et consuls que le serment fût prêté entre leurs « mains, ce n'a pu être que par une extension abusive des « droits et prérogatives dont nos Cours de Parlement sont « seules dans le cas de jouir. *A ces causes*, ordonnons qu'à « compter de la date d'enregistrement des présentes, les juge « et consuls qui seront élus prêteront le serment accoutumé, « dans les villes où il existe des cours de Parlement, entre « les mains d'un membre d'icelles, et dans celles où il n'en « existe pas, entre les mains des anciens consuls sortant de « charge, comme commissaires de nos Parlements. Défen-

« dons aux lieutenants-généraux de nos bailliages, etc., de les « troubler dans ladite prestation de serment. »

Comme on le voit, c'était à peu près le retour à l'exécution pure et simple des édits, et il avait fallu plus de deux cents ans aux consulats pour obtenir du roi cette légitime satisfaction.

Mais les consulats n'avaient pas longtemps à jouir de leur victoire et le serment ne fut reçu par les anciens que pendant quelques années. Un nouvel ordre de choses allait surgir tout à coup, et dès 1790 les tribunaux de commerce, organisés en France par une loi nouvelle, allaient remplacer la juridiction des juges-consuls.

Nous verrons plus loin les modifications apportées à cette cérémonie de la prestation du serment pendant le cours de la Révolution et ensuite sous les gouvernements qui lui succédèrent.

IV

INSTALLATION DES JUGES-CONSULS

Après avoir prêté serment à Paris, les juges-consuls nommés pour la première fois le 18 juin 1564 furent installés dans leurs charges d'une manière très solennelle, le lundi, 13 novembre de la même année.

Cette cérémonie nous est rapportée par un procès-verbal notarié dont la copie certifiée est aux archives municipales d'Orléans (f. f. 44).

. Par ordre des échevins, le sergent royal Pierre Beignet, crieur des bans, cris et proclamations en la ville et banlieue d'Orléans, annonça partout que les juges et consuls, créés par le décret de février 1563, siègeraient pour la première fois, en la maison de ville, ledit jour 13 novembre 1564. Et en effet, le Juge et les quatre consuls, se présentèrent à l'Hôtel des Créneaux et se rendirent en la grande salle donnant sur la rue Sainte-Catherine qui allait devenir pendant quelque temps le lieu de leurs audiences. Ils étaient assistés de Girard-Duboys, notaire au Châtelet, par eux requis et appelé pour dresser le procès-verbal de leur installation.

Ils trouvèrent dans cette salle, Pierre de Stample, l'aîné, receveur des deniers municipaux, et onze des échevins d'Orléans, savoir : Jacques Lhuillier, Jacques Alleaume, Guillaume Charron dit l'Evesque, Guillaume Tassin, Claude Tranchot, Gilles d'Allibert, Guillaume Moynet, Paterne Plisson, Florient Boilève, Daniel Delcroix et Guillaume De la

Lande. Il y avait aussi un certain nombre de bourgeois d'Orléans, et la police de la salle était faite par deux sergents royaux au Châtelet.

Après que les magistrats se furent assis, le Juge Colas des Francs prit la parole et exposa qu'en vertu des lettres patentes du roi sous forme d'édit, les magistrats qui l'entouraient et lui-même avaient été élus comme juge et consuls « *par les échevins en présence de cent notables bourgeois et marchands d'Orléans* ». Après vérification de l'Edit en cour de Parlement, ils s'étaient transportés devant la Cour et y avaient prêté le serment accoutumé en tels cas ; puis, à leur retour, avaient « *suivant leur droit* » nommé de suite un scribe ou greffier, qui allait être installé à la juridiction après serment.

Après quoi fut introduit le nouveau greffier qui, devant toute l'assistance, jura aussitôt de bien et fidèlement remplir sa mission, puis fut invité par le tribunal à prendre place *au comptoir* (sic) et à appeler les causes qui étaient à expédier. Cela fait, les échevins requirent une expédition du procès-verbal pour être déposé dans *l'arche public et trésor de la ville*, afin de servir et valoir comme de raison, en temps et lieu, aux manants et habitants de la ville. Et cette relation fut scellée du scel aux contrats de la prévoté d'Orléans, ainsi que l'attestèrent Jean Demarcau, écuyer, licencié en lois, sergent de Pully, conseiller du roi et garde de la prévôté, et honorables hommes qui en furent témoins : Claude Charlin, seigneur de « cent-dix maisons », Jehan Boutard, sergent-royal, et Me Jehan le Mercier, ainsi qu'un grand nombre d'autres personnes.

Les installations suivantes furent faites avec le même cérémonial. Elles avaient lieu, dit le Mémoire des juges-consuls adressé en 1761, au chancelier de Lamoignon, à la première audience d'août suivant l'élection. L'audience s'ouvrait à deux heures de relevée. La compagnie en exercice convoquait les nouveaux élus par billets d'invitation et, quand tous étaient arrivés, les anciens montaient au siège, les nouveaux se tenant au bas. Ensuite, ces derniers étaient invités à prendre place au bureau, après avoir prêté serment devant les anciens, quand ceux-ci jouissaient de cette prérogative.

Enfin une cause était appelée et plaidée, devant les deux compagnies réunies, qui délibéraient en commun sous la direction de l'ancien président et rendaient ensemble le jugement. Après quoi, l'ancien Président se retirait avec sa compagnie, et les nouveaux juges vaquaient désormais seuls à leur office.

V

OBLIGATION POUR LES JUGES-CONSULS D'ACCEPTER LA CHARGE A LAQUELLE ILS ÉTAIENT ÉLUS

Une fois élus, les juges-consuls pouvaient-ils refuser la charge qui leur était confiée ?

L'édit était muet sur ce point. Mais, dès les premiers temps, les auteurs l'interprétèrent dans un sens rigoureux. Toubeau, dans ses institutes du droit consulaire, enseignait, en 1700, que les juges-consuls étaient en principe tenus d'accepter et de remplir leurs fonctions. Masuey (Traité des juges et de leur juridiction), parlant des juges-consuls, disait qu'on pouvait contraindre ceux qui refusaient la charge. Louis XIV, dans ses lettres-patentes pour l'établissement de la juridiction consulaire à Lille, déclara expressément que les exemptions de charges ne pouvaient s'étendre à celles des juges-consuls pour le motif que, tant qu'un marchand exerce sa profession, il doit en rendre les services de même qu'il en a les avantages.

Enfin, le chancelier de Lamoignon, dans son projet de règlement général de 1763, décidait très nettement, en s'appuyant sur l'autorité du roi, que les élus devaient accepter les fonctions qui leur étaient confiées.

A Orléans, le cas se présenta plusieurs fois.

En 1615, François Colas, seigneur de Jouy, avait été élu Juge. Il s'excusa sur ce qu'il avait à rendre les comptes des recettes de la ville. Le lieutenant-général n'accepta pas cette excuse et le condamna en cent livres d'amende pour le cas où il persévérerait dans son refus.

Mais nos compatriotes ont toujours été tolérants, et, après s'être donné le malin plaisir de faire condamner le Juge Colas, ils n'insistèrent pas et le catalogue ajoute avec une certaine ironie : « Colas ne paya pas l'amende, et la charge fut exercée par les autres consuls. »

D'autres consulats furent plus rigoureux. Toubeau rapporte le cas d'un Prévost (Juge) de Bourges qui, en 1623, ayant refusé sa charge, fut condamné par un arrêt du Parlement.

Le second cas, rapporté par notre catalogue, fut celui de Charles Polluche qui, nommé consul en 1698, refusa et se pourvut devant le bailliage en prétextant qu'étant maître des requêtes chez le duc d'Orléans, il ne pouvait exercer en même temps la charge à laquelle il venait d'être appelé. Le bailliage lui donna raison. Mais, dit le catalogue, « cette sen-« tence par défaut, et d'ailleurs incompétemment rendue, ne « se pouvait soutenir. Il y avait lieu à appel. Car Charles « Polluche faisait un fort commerce de blé. Toutefois, on « aima mieux se passer de lui. »

Une troisième fois, ce fut Jean Guinebaud, nommé consul ancien en 1712, qui essaya de se soustraire à la charge en faisant valoir devant le chancelier de Pontchartrain les excuses suivantes : Il était âgé de soixante ans. Son rang avait été passé (c'est-à-dire, sans doute, qu'on aurait dû, ou le nommer plus tôt ou lui confier la présidence), et il avait des petits-neveux, qui avaient fait partie du consulat. Il trouvait donc son élection déplacée et on comprend assez sa mauvaise humeur. Aussi le chancelier lui donna-t-il raison en ordonnant de le décharger. Mais ses collègues firent pression sur lui et obtinrent qu'il revînt sur sa décision. Et le catalogue termine ce récit par ces mots : « il s'acquitta très bien de ses fonctions ».

Que si, en principe, un juge-consul ne pouvait se soustraire à la charge, il pouvait néanmoins faire valoir de légitimes excuses tirées de son âge, de sa santé et de l'incompatibilité avec d'autres fonctions. Seulement, il lui fallait présenter des excuses sans retard. Dans certains consulats, on exigeait qu'il le fît à l'assemblée même et il ne pouvait guère s'en prendre qu'à lui-même de n'y pas assister, puisque les magistrats étaient toujours élus parmi les notables appelés à l'élection. Si l'excuse était admise, on procédait séance tenante, suivant les termes de l'Edit, à son remplacement.

En tous cas les excuses devaient être présentées avant la prestation de serment, par le motif que cet acte volontaire présumait par lui-même de l'acceptation de l'élu.

Aucun juge, pas même le Parlement, n'avait le droit de connaître des élections. C'était le conseil d'Etat du roi qui, seul, d'après l'Edit, avait le droit de prononcer. C'est à cette disposition que faisait allusion le catalogue, en disant que le bailliage était incompétent pour statuer sur les excuses d'un consul élu. C'est encore en vertu de ce principe qu'en 1658, le Parlement de Paris ayant admis les excuses de Pierre Haraucourt, orfèvre, qui venait d'être élu consul en cette ville, le 1er février, le roi, par des lettres-patentes, rendues le 4 du même mois, tout en accueillant à son tour les excuses de ce marchand, renouvela expressément sa défense au Parlement de prendre aucune connaissance des élections consulaires qui lui étaient, disait-il, absolument interdites.

Cela n'empêcha pas le Parlement d'intervenir encore plusieurs fois en cette matière, comme il l'avait fait déjà en 1569, en 1577 et en 1598.

Si on rapproche ce nouveau cas de résistance du parlement à la volonté formelle du roi, de celui qui a été rapporté ci-dessus à l'occasion de la prestation de serment des juges-consuls, on constate avec quelle fréquence et avec quelle facilité le Parlement de Paris arrivait à se soustraire à l'autorité royale. On sait, du reste, que l'histoire tout entière du Parlement est pleine de faits semblables et que sous le règne de Louis XIV, c'est-à-dire au temps où l'expression : tel est notre plaisir, avait toute sa signification, le Parlement de Paris parvint souvent à faire prévaloir ses décisions sur les ordres du souverain.

VI

DURÉE DES CHARGES. — DÉCÈS. — FUNÉRAILLES

1° *Durée des charges*

L'édit de création était formel : La charge des juges-consuls ne devait durer qu'un an, sans pouvoir, pour quelque cause ou occasion que ce fût, être continuée. C'était la consécration de l'usage établi partout où il y avait déjà des juges-consuls.

A Orléans, la clause fut toujours appliquée strictement. Bien plus, à chaque élection, les juges et consuls en exercice prenaient le soin non seulement de rappeler le texte de la loi, mais encore d'indiquer le jour à partir duquel la charge des nouveaux devrait commencer et celui auquel elle prendrait fin (1). En outre le procès-verbal de l'élection se terminait en répétant que les élus exerceraient la charge pendant une année seulement.

Les auteurs enseignaient du reste que les juges-consuls ne pouvaient, après leur année de charge, remonter sur leur siège quand bien même, par suite de décès ou de maladie, le tribunal viendrait à ne plus être composé des trois membres nécessaires pour juger valablement.

Il n'y avait qu'un cas où les juges-consuls pouvaient rester en fonctions, c'était quand l'élection de leurs successeurs se trouvait retardée ou donnait lieu à des difficultés, comme cela se présenta plusieurs fois à Orléans, surtout à l'époque où la prestation du serment se faisait à Paris. Dans ce cas, comme la justice ne peut chômer, les magistrats en exercice

(1) V. *Consulat*, Bibliothèque d'Orléans.

étaient autorisés à siéger jusqu'à l'installation de leurs successeurs.

Pendant longtemps on poussa le respect du texte jusqu'à ne pas permettre que la même personne pût être élue une seconde fois, même après un intervalle. Mais on revint plus tard de cette exagération qui avait le grave inconvénient de gêner le recrutement des tribunaux consulaires, et le roi Louis XIV lui-même comprit si bien cette difficulté, qu'en créant la juridiction commerciale à Lille, en 1728, il permit expressément que, pendant le cours des dix premières années, le juge ou président restât en charge deux années de suite. Peu après l'édit de création de la juridiction à Valenciennes autorisait l'élection de la même personne à la charge de consul pour une deuxième, une troisième et même une quatrième fois, mais seulement après deux années d'intervalle.

Comme nous l'avons vu, le cas se produisit aussi à Orléans. Mais la durée des fonctions fut strictement maintenue à une seule année.

2° *Cas de décès*

L'édit n'avait rien prévu pour le cas où un juge-consul décéderait au cours de son année de charge ; mais il semble bien que, dans l'esprit du législateur, on devait procéder par une élection immédiate au remplacement du magistrat disparu. En effet, nous avons vu que, dans le cas où le tribunal n'était plus en nombre, les anciens juges-consuls ne pouvaient remonter sur leurs sièges. Il n'y avait donc d'autre moyen que l'élection. Pourtant, Toubeau, dans ses institutes de droit commercial, tout en professant que cela devait se faire, constatait que ce n'était pas l'usage à Bourges. Au contraire cela se faisait à Paris. C'est ainsi que, dès l'année 1569, Jules-Nicolas Bourgeois, juge, étant mort subitement le 13 juin au sortir de l'audience, les consuls en exercice réunirent au plus tôt les notables qui le remplacèrent.

Le nouvel élu n'avait que les droits de son prédécesseur et sa charge expirait à la fin de l'année judiciaire pour la durée de laquelle celui-ci avait été élu.

A Orléans, le catalogue ne nous révèle que quatre cas de

décès de juges-consuls en exercice pendant les deux cent-vingt-sept ans qu'a duré le consulat. Le premier fut celui d'Aignan Seurat, qui avait été élu Juge ou président et qui mourut au commencement de son année de charge. Le second fut celui du troisième consul Godefroy Provenchère. Il arriva au cours de l'année 1717.

On ne voit pas que ces deux magistrats aient été remplacés.

Le troisième arriva le 30 juillet 1777, c'est-à-dire au dernier jour de l'exercice, et par suite il n'y eut pas lieu de remplacer le défunt.

Le quatrième cas se présenta le 3 novembre 1787. Charles-Euverte Miron-Levassort, Juge en cette année là, mourut subitement à l'audience même. Après lui avoir rendu les honneurs funèbres dont il sera parlé ci-après, les consuls en exercice se demandèrent ce qu'il convenait de faire. Le cas était grave, car le tribunal se trouvait sans président. On prit, dit le catalogue, des informations à Paris, et, sur les avis reçus, on décida de procéder à une élection dans les formes ordinaires. Elle eut lieu le 6 décembre 1787, et Prosper Tassin de la Renardière fut proclamé Juge : « pour ses « fonctions, dit le procès-verbal, prendre fin le dernier jour de « juillet 1788 », c'est-à-dire qu'il ne fit que remplacer le juge décédé pendant le temps que celui-ci avait encore à exercer sa charge.

3° *Funérailles*

Ce sujet nous amène à parler des honneurs rendus à Orléans aux magistrats décédés par les juges et consuls leurs collègues.

Nous avons vu qu'à Paris, chaque année, la veille de l'élection, la compagnie encore en charge convoquait les soixante notables et assistait avec eux à un service pour le repos de l'âme des juges-consuls trépassés. On ne voit pas que rien de semblable ait été fait à Orléans. Mais la mémoire des magistrats décédés n'en était pas moins gardée avec soin au Consulat et les honneurs funèbres leur étaient rendus avec une grande solennité.

Jacques Alleaume, qui avait été Juge en 1659, étant venu à

mourir en 1661, le consulat, pour conserver son souvenir, fit placer dans la salle d'audience (c'était alors la grande salle de l'Hôtel des Créneaux donnant sur la rue Sainte-Catherine) une dalle commémorative. Aucun autre détail n'est fourni au sujet de ce décès par le « *catalogue* » qui se borne à dire ceci : « Alleaume meurt en juin. Pour mémoire, il a été mis « plusieurs pavés de pierre de taille en la chambre commune. « Le prix en a été payé de l'argent provenant des cent sols « adjugés à la juridiction par arrêt de la Cour sur les jeunes « mariés et apprentis. (1) »

Nous avons des détails beaucoup plus explicites sur ce qui arriva au décès du juge Vandebergue de Villebouré, qui vint à mourir le 30 juillet 1777. C'était un homme considérable. Il avait été échevin et secrétaire du roi. Son fils, accompagné de Massuau de la Borde, qui fut maire d'Orléans en 1783, se rendit le lendemain, 31 juillet, à 3 heures de l'après-midi, à la salle du consulat, pour inviter la compagnie aux obsèques. Les juges-consuls s'étaient réunis en la chambre du conseil d'où ils se rendirent avec le greffier en celle des audiences. Quand ils furent sur leurs sièges, dit le « *catalogue* », le greffier alla au-devant des deux visiteurs et les fit placer sur deux chaises devant le bureau. L'invitation faite et acceptée, la compagnie demanda que quatre anciens présidents fussent priés de porter les cordons du poêle. Ce furent Colas des Francs, Isaac Seurat, Joseph Tassin et Guinebaut de la Cour. Tous quatre étaient à la fois anciens présidents du consulat, anciens échevins et anciens maires. Ils furent avertis par billets de se trouver le jour de l'enterrement en la salle du consulat, pour, de là, se rendre avec le tribunal jusqu'à la maison du défunt et assister à son convoi.

En conséquence, ajoute le *catalogue*, aujourd'hui, la compagnie composée de quatre consuls, des quatre conseillers, du greffier, du procureur-syndic et des quatre anciens présidents, à qui, par politesse, les quatre conseillers ont donné la droite en marchant, tous en manteau et cravate, est partie de la salle du consulat à onze heures du matin, précédée des

(1) Sur cet impôt particulier des jeunes mariés et apprentis, voir plus loin : chap. VI.

huissiers audienciers en robe et du cinquantenier garde-barreau en habit d'ordonnance, bandoulière et armes. Elle s'est rendue à la maison du défunt, a été reçue à son arrivée par deux des principales personnes de la famille et introduite dans une chambre particulière. Le convoi s'étant mis en marche, la compagnie a suivi immédiatement le corps, et, arrivée à l'église, a occupé les stalles de la gauche du chœur. Après l'inhumation, elle a salué le deuil et est revenue en la salle du consulat dans le même ordre qu'au départ. Elle s'est assemblée à quatre heures pour recevoir la visite de M. de la Villebouré fils et de M. Massuau de Borde qui sont venus lui faire leurs remerciements.

Même cérémonie, racontée avec mêmes minutieux détails, eut lieu le 5 novembre 1787 au décès de M. Miron-Levassort, secrétaire du roi, ancien échevin et juge en exercice. Les porteurs de cordons furent aussi quatre anciens présidents : Crignon de Beauvallet, Raguenet-Miron, Deloynes-Paris et Vandebergue des Hauts-Champs.

En rapportant ainsi les moindres détails des cérémonies funèbres faites en l'honneur de ses membres décédés, le consulat d'Orléans, tout fier d'un passé déjà ancien, croyait écrire pour une longue postérité et fixer à tout jamais des précédents. Il était loin de soupçonner qu'il était à la veille d'une transformation complète et que la juridiction, qui allait le remplacer sans aucun intervalle, serait séparée de lui par l'abîme de la Révolution et perdrait jusqu'au souvenir des traditions qu'il avait cherché à établir.

VII

SIÈGES ET TENUE DES AUDIENCES. — COSTUME

1° *Sièges et tenues des audiences*

Aux termes de l'art. 14 de l'édit de création, les marchands-bourgeois d'Orléans étaient autorisés à « imposer et « lever sur eux telle somme de deniers qu'ils aviseraient nécessaire pour l'achat ou louage d'une maison ou lieu qui « serait appelé la place commune des marchands, à l'instar et « tout ainsi que les places appelées le Change à Lyon et les « Bourses de Toulouse et de Rouen. Pour arbitrer la somme « à dépenser, les échevins assembleraient en l'hostel de ville « cinquante marchands notables qui en députeraient dix « d'entre eux avec pouvoir de faire les cotisation et département de la somme accordée en l'assemblée..... »

Mais notre bonne ville d'Orléans a toujours considéré l'économie comme une très grande vertu, et nos bourgeois d'alors reculèrent devant une dépense qui leur paraissait probablement peu utile. Ils n'ont du reste pas eu grand tort. Car le commerce orléanais s'est toujours facilement passé d'une salle de Bourse et nos contemporains ont pu constater que, bien que de nos jours une salle assez belle eût été préparée dans ce but, les réunions commerciales ont continué à se tenir au dehors ou dans les cafés de la place du Martroi, si bien que la Bourse d'Orléans vient d'être acquise par la

Chambre de commerce, sans qu'il se soit élevé de réclamations de la part des intéressés (1). Le Maire, dans son histoire d'Orléans, se plaint un peu de cette parcimonie et regrette qu'on n'ait pas fait élever, en notre ville, comme on l'avait fait à Lyon, à Toulouse, à Rouen et à Paris, une belle maison où se serait réuni le commerce si important de la place d'Orléans (2).

Les marchands demandèrent donc à la ville de lui prêter un local pour y installer le siège de la nouvelle juridiction, ce qui leur fut accordé.

A l'origine, c'est à l'Hôtel des Créneaux, alors maison de ville, que les nouveaux juges siégèrent. Les échevins lui concédèrent à cet effet « la grande salle sise en la petite cour de cet hôtel », répondante, dit le catalogue, « sur la grande rue ». C'est ce que nous lisons aussi dans le procès-verbal d'installation des premiers juges-consuls en date du 13 novembre 1564, où il est dit que les « cent notables furent « réunis en l'hostel et communauté de la ville d'Orléans, « lieu quant à présent jugé plus commode par les juges-« consuls. »

Combien de temps le nouveau tribunal tint-il ses audiences dans cette salle? Ni le catalogue, ni les auteurs ne nous l'ont révélé. Vergniaud-Romagnési nous rapporte seulement que « pen-« dant les troubles religieux, les juges-consuls furent obli-« gés, afin de rendre paisiblement la justice, d'aller chercher « refuge dans une maison sise vis-à-vis Saint-Pierre-en-Sen-« telée, qui appartenait à la ville d'Orléans. »

Cette maison, dont nous n'avons pu jusqu'à présent reconnaître l'emplacement exact, paraît être celle qui est occupée depuis quelques années par le Crédit Lyonnais sur la place du Martroi.

Les juges-consuls y restèrent jusqu'en 1596, date à laquelle, dit le catalogue, suivant l'avis de la communauté des

(1) Il est juste d'ajouter que la salle du rez-de-chaussée reste affectée aux réunions du commerce et que des salles spéciales sont réservées aux courtiers et aux syndicats.

(2) Le Maire, *Histoire et antiquités de la ville d'Orléans*, 1648, chap. LXXXIV.

marchands, « on commença à exercer la justice en la grande « salle de la maison de ville où elle avait été anciennement, « au lieu de la maison devant Saint-Pierre, qui fut mise en « crue », c'est-à-dire sans doute qui fut agrandie (1).

En 1689, au mois de juillet, les juges-consuls furent obligés d'adopter pour leurs audiences une « autre chambre « sise en la grand'cour de l'hôtel de ville répondante sur la « rue Saint-Maclou ». Cela se fit, nous rapporte le catalogue (2), à la demande de Marin Baguenault, maire, et sans opposition de la part de Defay, pour lors président. Cette nouvelle salle était précédemment occupée par les maires et échevins (3).

Le consulat conserva cette salle jusqu'au 24 juin 1791, c'est-à-dire presque jusqu'au dernier jour de son existence. A cette date il reçut de la mairie un congé comme un simple locataire, avec avis d'avoir à chercher un autre local. Très troublés par cette prétention, les juges-consuls se préoccupèrent d'y résister. On avait, rapporte le catalogue, sur les livres du consulat, la trace d'actes passés en 1688 et 1696, aux termes desquels la salle d'audience avait été concédée à perpétuité à la juridiction, à partir du 28 février 1696. On connaissait un arrêt rendu par le conseil de S. A. R., en date du 21 avril 1696, par lequel la propriété de cette salle avait été pleinement confirmée. Mais toutes les recherches furent inutiles. Quittant elle-même l'hôtel des Créneaux, la municipalité était venue s'installer à l'hôtel Groslot et avait loué la totalité de l'ancienne maison de ville aux membres du bureau du district. Il fallut donc s'incliner et le siège de la juridiction fut provisoirement transporté dans le nouvel hôtel de

(1) Cette expression « mise en crue ou creüe » était employée au XVIIe siècle dans le sens d'accroissement, augmentation, élévation, construction nouvelle. On en trouve un exemple dans LE MAIRE, *Antiquités d'Orléans*. Parlant, en effet, de l'horloge de la tour de l'hôtel des Créneaux, qu'on appelait alors le gros horloge, Le Maire dit que c'était une ancienne tour de l'ancienne ville, auparavant la deuxième ou troisième creüe, qui était située entre la porte Dunoise et la poterne Saint-Samson.

(2) Catalogue de ceux qui furent juges et consuls, année 1689. Bibliothèque d'Orléans M. S. 41.

(3) *Consulat*, p. 59. Biblioth. d'Orl., B. 1598.

ville. En 1792, le tribunal alla siéger place Sainte-Croix, dans la maison de la Psallette qui venait d'être désaffectée, et il y resta jusqu'au 4 novembre 1824, date à laquelle il fut installé à titre définitif dans la partie Est du nouveau palais de justice, rue Bretonnerie, où siègent encore aujourd'hui les juges de commerce.

2° *Tenue des audiences*

Le consulat paraît avoir été très occupé dès les premiers temps. Nous avons vu qu'à l'audience d'installation, le greffier avait appelé les causes qui, ce jour là déjà, étaient à expédier.

Quels étaient à l'origine les jours d'audience? Combien y avait-il d'audiences par semaine? Nous n'en avons pas trouvé de traces, et c'est seulement en 1736, date à laquelle parut le premier annuaire d'Orléans que nous voyons quelque chose de précis. A cette époque, il y avait quatre audiences par semaine, les lundi, mercredi, jeudi et samedi. Il en fut de même jusqu'en 1771. Il n'y eut plus alors que trois audiecnes, les lundi, mercredi et samedi. A partir de 1772, pendant les vacances qui duraient du 8 octobre au 11 novembre (probablement à cause des vendanges), il n'y avait que deux audiences, le mercredi et le samedi. Les vacances commencèrent le 8 septembre à partir de 1780. Enfin, à partir de 1785 jusqu'en 1790, il n'y eut plus, pendant toute l'année, que deux audiences par semaine, les mercredi et samedi. Le catalogue nous révèle que cette diminution du nombre des audiences correspondait à une notable diminution du nombre des affaires et le rédacteur n'hésite pas à en rejeter la faute sur les juges du bailliage qui faisaient au consulat une guerre acharnée, ainsi que nous aurons occasion de le constater dans un prochain chapitre.

L'audience se tenait à deux heures de relevée.

Quel était le nombre des procès jugés chaque année par le consulat? Le dossier trouvé aux archives du Loiret nous apprend qu'il était considérable, environ 1,000 par an. C'est beaucoup plus que n'en juge actuellement le tribunal de commerce d'Orléans (1).

Il résulte de comptes établis avec beaucoup de détails par les juges-consuls pour l'intendant royal que le consulat percevait sur les causes appelées une taxe nette de deux sols six deniers et qu'il tirait de cette taxe un revenu annuel de 265 livres. C'est le calcul qui nous a permis de connaître le nombre d'affaires soumises au consulat vers la fin du XVIIIe siècle.

3° *Costume*

Quel était le costume des juges-consuls ? Il y avait sur ce point la même variété que sur tous les autres. Aussi voyons-nous le chancelier de Lamoignon, dans son projet de règlement général, émettre le vœu que partout ils fussent revêtus uniformément à l'audience de la robe de palais.

Dans le silence absolu des auteurs sur ce point, nous penchons à croire qu'à Orléans ils portaient cette robe.

En effet, on suivait généralement les mêmes usages dans toute une région. Or, au centre de la France, à Bourges, à Clermont, à Poitiers, à Angers, à Auxerre, les juges-consuls portaient la robe, la toque et le rabat, au dire de Toubeau, plusieurs fois consul et prieur à Bourges ; et d'ailleurs, cet auteur, qui à chaque instant parle du Consulat d'Orléans, n'aurait pas manqué de signaler cette particularité, si le costume des juges-consuls de cette ville avait différé de celui des villes voisines.

A Paris, une gravure à l'eau-forte conservée au tribunal de commerce et qui représente une audience des juges-consuls de cette ville en 1680, nous fait voir ces magistrats en robe et en rabat. D'autre part, lorsqu'en 1807 il fut question de reconstituer le tribunal de commerce de Paris, M. Vignon, alors président, ayant appris que, d'après les règlements projetés, les nouveaux juges devaient avoir à l'audience l'habit noir et le manteau court, protesta contre cette innovation.

(1) Voir *Archives du Loiret*, loc. cit.

« De temps immémorial, disait-il, le tribunal a toujours porté la robe du palais, et c'était sous ce costume que les juges-consuls allaient tous les ans prêter serment en la Grand'-Chambre du Parlement (1). »

Comment croire qu'ainsi encadrés les juges-consuls d'Orléans aient pu porter un autre costume ?

D'ailleurs le silence même gardé à ce sujet par tous les écrivains orléanais et autres est une indication qu'on observait à Orléans l'usage établi dans toutes les villes circonvoisines. Autrement il s'en serait bien trouvé quelqu'un pour signaler cette singularité.

Le soin que prend enfin le « catalogue » de nous décrire minutieusement le costume de ville des juges-consuls d'Orléans dans certaines cérémonies publiques vient encore à l'appui de ce sentiment. Ainsi le 13 février 1773 les juges-consuls ayant décidé d'aller, comme les autres corps de ville, complimenter l'évêque Louis Sextius de la Jarente, à l'occasion de son entrée à Orléans, ils y furent en petit manteau et en cravate, les conseillers portant seulement l'habit noir avec les cheveux frisés en long. Le greffier et le procureur-syndic, ajoute le catalogue, portaient la robe.

De même aux deux cérémonies funèbres rapportées ci-dessus, les juges-consuls étaient en manteau court avec cravate.

Lors de la prestation de serment du 3 août 1774, que nous avons aussi racontée et qui eut lieu au bailliage devant le lieutenant du roi, le catalogue a soin de déclarer que ce jour-là les juges-consuls portaient ce même costume.

Enfin on peut voir à la mairie d'Orléans, dans la salle des délibérations du Conseil municipal, le portrait de Marin Baguenault qui avait été président du consulat en 1684, avant d'être maire de la ville en 1690. Il paraît bien revêtu de son

(1) Voir TEULET et CAMBERLIN, Manuel des Tribunaux de commerce, p. 42. En dehors de l'audience, dans les cérémonies publiques, les juges-consuls de Paris portaient, au XVIIIe siècle, le costume suivant ainsi qu'on peut le voir par un portrait dans le cabinet du président du tribunal de commerce : Habit à la française, culotte courte en soie noire, bas de soie de même couleur, rabat de dentelles très long, grand manteau bleu, chapeau souple noir avec plume bleue et chou de même nuance.

costume de magistrat : robe noire de palais, rabat de mousseline non plissé et encadré d'une étoffe plus mate. Dans sa main droite, il tient un pli cacheté sur lequel on lit le mot : Commerce. Or, si nous ne nous trompons, les maires n'avaient pas alors de costume spécial et par suite il est à penser que ce costume de juge est bien celui du consulat (1).

(1) Cependant on voit au catalogue que, le mardi 24 juillet 1759, après l'élection des juges-consuls, ceux-ci se rendirent dans une salle de l'hôtel de ville pour prendre part à l'élection des membres du bureau de la communauté des marchands fréquentant. Or, le catalogue ajoute : « Ils avaient quitté le manteau et le rabat. » Que penser de cette phrase? Voudrait-elle dire que les juges-consuls ne portaient pas la robe de palais, mais seulement un manteau à grands plis, simulant les manches, et ne couvrant que le haut du corps? Nous avouons que cette particularité nous a laissé des doutes sur la question du costume des juges-consuls d'Orléans.

VIII

EXEMPTIONS. — PRIVILÈGES DES SCEAUX. — PRÉROGATIVES. — RANG. — PAS ET PRÉSÉANCE

1° *Exemption de charges*

En retour des nombreux, difficiles et souvent onéreux devoirs qui leur étaient imposés, les juges-consuls, dont les fonctions étaient absolument gratuites et à qui il était expressément interdit de prendre des épices, droit de rapport ou de conseil par l'ordonnance de 1867, ne recevaient guère que quelques avantages honorifiques. Ces cinq magistrats, qui siégeaient jusqu'à quatre fois par semaine, qui étaient obligés de se mettre au courant des lois et qui avaient à lutter contre les justices de tout le duché d'Orléans, étaient souvent dans la nécessité de tirer de leur poche, suivant leur expression, jusqu'à vingt-cinq et trente louis par an, afin de subvenir aux frais de leur défense contre les juges ordinaires.

Aussi voyons-nous le chancelier de Lamoignon, dans son mémoire au roi, proposer, en 1763, d'exempter les juges-consuls de chaque province des collectes, du guet, de la garde et du logement de guerre, pendant leur année de charge, ce qui jusqu'alors ne se pratiquait que dans certaines villes, et par exemple à Bordeaux, au rapport de Toubeau. Il semble qu'à Orléans, bien qu'on n'en trouve pas de preuve formelle, les juges-consuls aient joui de ces exemptions. Car, appelés à présenter des observations sur le projet de règlement du chancelier ils ne répondent pas sur ce point particulier, ce qui donne à supposer qu'ils n'avaient pas à réclamer, en ce qui les concernait, la concession de ces avantages bien justifiés.

2° *Privilège du sceau. — Blason*

Le seul privilège des juges-consuls, privilège qui était surtout avantageux pour leurs justiciables, mais qu'ils avaient néanmoins beaucoup désiré et auquel ils attachaient une grande importance, était celui de posséder un sceau particulier, avec des armes et quelquefois une devise.

Voici quel en était l'intérêt au point de vue de la bonne administration de la justice.

Pour donner à l'expédition ou à la grosse d'un jugement l'authenticité nécessaire à son exécution, il fallait y apposer un sceau. Les châtelets en avaient un, et, à l'origine, les juges-consuls faisaient apposer le sceau du châtelet de la ville où ils étaient établis sur les expéditions et grosses de leurs jugements.

Mais il arriva bientôt que les juges ordinaires, jaloux de la nouvelle juridiction, refusèrent d'apporter leur sceau sur les sentences des juges-consuls (1), ou tout au moins élevèrent les prétentions de ne l'apposer qu'après examen du contenu desdites sentences (2). De là des procès entre juges ordinaires et juges-consuls, procès dont la longueur était proverbiale, et pendant ce temps les jugements restaient inexécutés et même inexécutables. En vain le roi lui-même intervenait, en vain le Parlement condamnait les juges ordinaires. Les mêmes difficultés se reproduisaient de tous côtés.

Dès l'origine, certains consulats obtinrent du roi ce droit de sceau. Ainsi les consuls de Toulouse, dès 1551, au profit de leur Prieur.

Plusieurs arrêts du conseil du roi furent nécessaires pour que les juges-consuls de Paris, en possession depuis longtemps d'un sceau particulier octroyé par le roi, pussent s'en servir librement. Il fallut établir un garde-scel particulier en titre d'office de la juridiction consulaire (3).

(1) Déclaration royale de Moulins du 13 janvier 1566.

(2) Arrêt du Parlement du 7 août 1698.

(3) Arrêt du Parlement du 7 août 1698.

Sur le sceau des juges-consuls de Paris se voyait un navire d'or au pavillon de France avec cette devise : *omnibus remedium nisi fractae fidei*. Les armes étaient : d'azur à une foy de gueules dans l'eau, surmontée d'un navire d'or au pavillon de France.

A Bourges, le Consulat avait un sceau représentant une main tenant une balance de justice. La devise des juges-consuls de cette ville était : *aeque, breviter atque gratis*. Leurs armes se lisaient ainsi : D'azur à trois fleurs de lys d'or 2-1, une main droite au naturel, issante d'une bergère.

A Orléans et dans d'autres consulats tels que celui de Troyes en Champagne, une déclaration royale du 20 janvier 1572 avait permis aux juges-consuls d'apposer sur leurs jugements le sceau de la prévôté. C'est à cause de cela peut-être que les recueils spéciaux, qui avaient été imprimés par expresse permission du roi, afin que les juges-consuls et leurs justiciables eussent plus facilement sous les yeux les lois, édits, ordonnances et décisions judiciaires concernant le commerce, faisaient suivre ces pièces du sceau de la prévôté de la ville où ils étaient publiés. Nous en avons un exemple dans le petit volume intitulé *Consulat* que conserve la Bibliothèque d'Orléans (1). Aussitôt après l'édit de création du Consulat d'Orléans, à la suite de la mention : Lu et publié, on trouve le sceau. Il est aux armes d'Orléans, qui, comme on le sait, se lisent : De gueules, à trois cayeux d'argent, au chef d'azur, chargé de trois fleurs de lys d'or.

Enfin, on trouve dans l'Armorial général de France de 1696, Généralité d'Orléans :

La communauté des consuls et juges des marchands de la ville d'Orléans porte : De gueules, à une balance d'argent, tenue dans son équilibre par une main issante de même, mouvante du chef, et un chef cousu d'azur, chargé de trois tierces feuilles d'or.

C'est ce blason qu'on trouve reproduit en tête de cette notice.

(1) *Consulat*, B. 1598, bibliothèque d'Orléans.

3° *Prérogatives*

Les anciens juges-consuls, qu'on appelait à Clermont les Antiques, ne cessaient pas complètement d'appartenir à leur compagnie après être sortis de charge. Partout ils accompagnaient les magistrats en exercice et ceux-ci même leur cédaient le pas, ainsi que nous l'avons vu en décrivant certaines cérémonies. Ils avaient en outre le droit de vote au renouvellement annuel du tribunal et faisaient de plein droit partie des notables appelés à l'élection. Dans certains pays, on avait accoutumé de les appeler quelquefois à siéger à l'audience dans les cas difficiles, mais en manteau et avec simple voix consultative. On allait même jusqu'à leur permettre, contrairement à l'avis de Toubeau, de siéger habituellement quand, dans un consulat, il se produisait des vacances par décès ou absence et qu'on n'avait plus le *quorum* nécessaire pour juger valablement. A Niort, lorsqu'un juge-consul d'une autre ville était de passage, on lui faisait les honneurs de l'audience.

Une autre prérogative de la juridiction consistait dans le droit qui lui était accordé de mulcter d'amende et même, d'après le chancelier de Lamoignon, de condamner à la prison les justiciables ou autres assistants à l'audience qui venaient à manquer de respect aux magistrats dans l'exercice de leurs fonctions. Pour un soufflet donné sur la marche de la salle d'audience de Bordeaux, les consuls firent arrêter le coupable qui fut mis en prison et condamné par arrêt du Parlement du 6 juillet 1714 à demander pardon au roi de son irrévérence envers les consuls et à 3 livres d'aumône pour le pain des prisonniers et ayant les fers aux pieds. Les juges-consuls d'Orléans ne paraissent pas avoir jamais usé de ce droit, bien que le catalogue rapporte avec une certaine indignation qu'en l'année 1637 « certaines personnes avaient « porté l'irrévérence envers le Tribunal jusqu'à se porter « devant lui à des voies de fait ; ce qui donna lieu à un « jugement » dont les termes ne sont pas rapportés.

S'il était commis un vol pendant l'audience et dans

l'auditoire, les juges-consuls faisaient dresser procès-verbal et constituer le voleur prisonnier (arrêt du 31 janvier 1660).

Il résulte encore d'une note au catalogue (année 1759), que les juges-consuls d'Orléans avaient le droit de vote pour l'élection des présidents du bureau de la compagnie de marchands fréquentant la rivière de Loire et fleuves y affluents (1).

Enfin il est juste d'ajouter que, si les avantages directs de la charge de juge-consul n'étaient pas importants, ces magistrats, entourés dans leur ville d'une grande considération, parvenaient souvent ensuite à des postes très recherchés. Ils étaient notamment tout désignés pour l'échevinat où nous les voyons figurer en grand nombre. Nombre de juges devinrent plus tard maires d'Orléans. Or les fonctions d'échevin étaient un acheminement vers la noblesse. Nous trouvons encore des juges-consuls pourvus du titre très envié de conseiller du roi. Tel Vandebergue de la Villebouré, qui mourut étant juge en 1775 et qui était secrétaire du roi en la chancellerie de Pau. Or, ceux qui tenaient cet office (sans être d'ailleurs astreints à la résidence) étaient, de plein droit, après vingt années de charge, annoblis à l'égal des barons, eux et leur postérité. La noblesse pouvait donc être la conséquence indirecte de la charge de juge-consul, et on sait que ce n'était pas seulement un honneur, mais qu'on en retirait l'avantage très considérable d'être dispensé de la taille. C'est ainsi peut-

(1) Extrait du catalogue de ceux qui ont été juges et consuls.

Le jeudi 19 juillet 1759, MM. les marchands fréquentant sont venus à l'issue du siége dans la chambre de MM. les Juges et consuls et les ont priés de se trouver le lundi 23 du même mois avec eux, après la levée de l'audience, dans la chambre du conseil de MM. les maire et échevins, pour nommer conjointement avec eux 60 marchands notables de cette ville, à l'effet de donner leurs voix avec MM. les maire et échevins, MM. les Juges et consuls et MM. les marchands fréquentant pour l'élection de deux présidents du bureau des marchands fréquentant la rivière de Loire et fleuves y affluant.

Le lundi 23 juillet 1759, à l'issue du siège de la compagnie, MM. les échevins, en l'absence du maire, assemblés dans leur chambre du conseil et MM. les marchands fréquantants s'y étant rendus, MM. les Juges-consuls s'y sont transportés. M. Lebrun y a occupé la place la plus honorable, au haut du bureau, du côté de la cheminée. près la fenêtre, et, après lui, M. l'ancien consul et MM. les trois consuls.

être que s'expliquent, du moins en partie, et l'empressement avec lequel les négociants acceptaient la lourde charge d'une magistrature toute gratuite et la facilité extraordinaire avec laquelle se sont recrutés d'année en année pendant plus de deux siècles les juges-consuls d'Orléans.

4° *Rang, pas et préséance*

Entre eux, les magistrats consulaires se distinguaient en : 1° Un Juge ou président, nommé Prévost dans certaines villes comme Bourges, ou Prieur dans d'autres, telles que Toulouse et Rouen. A Lyon, le chef du Consulat avait gardé son ancien titre de Conservateur du privilège des foires. A Orléans, on l'appelait Juge. Il tenait la tête de la compagnie, parlait en son nom et la représentait en toutes circonstances, dirigeait les débats et les clôturait en donnant son avis le dernier, tandis qu'en général c'était le consul le plus jeune qui parlait le premier. Dans certains consulats on faisait le contraire, parce que, disait-on, il y avait un grand inconvénient à laisser donner par un homme jeune et inexpérimenté un avis sans valeur mais qui, présenté avec une certaine ardeur, pouvait détourner du bon chemin les autres juges et rendre la discussion plus ardue.

La voix du président n'était pas prépondérante en cas de partage. Du moins il n'y avait pas de règle précise sur ce point.

C'était le Juge en exercice qui proclamait chaque année le résultat de l'élection consulaire.

A partir de l'époque où l'usage s'établit de remplir plusieurs fois la charge de consul, il fallut l'avoir été deux fois pour devenir Juge ou président.

2° Les consulats se composaient généralement en outre de quatre consuls. C'était le cas à Orléans. Mais à Bourges et même dans de grandes villes, telles que Bordeaux, Toulouse et Rouen, il n'y avait que deux consuls. Ceci est une marque, après tant d'autres, de la grande importance qu'occupait la ville d'Orléans dans le commerce de la France.

Le premier consul était appelé *ancien*, parce qu'il devait

avoir passé une première fois par la charge et y avoir été réélu après un an d'intervalle.

Les autres s'appelaient deuxième, troisième et quatrième consuls. Le rang entre eux était déterminé par l'âge et non par le nombre des suffrages. Il en était du moins ainsi à Orléans et à Paris.

Dans les cérémonies publiques, c'était une grosse question que de savoir quel rang devaient tenir les juges-consuls. Le Conseil d'Etat fut plusieurs fois obligé de se prononcer sur ce point, qui donnait lieu à des compétitions quelque peu puériles.

Le Conservateur des foires de Lyon avait ainsi obtenu, après de longs débats, le droit de séance avec voix délibérative au Présidial, tout comme s'il eût été conseiller, même quand il n'était pas gradué. Bien plus, il avait la préséance sur la sénéchaussée et avait le droit de siéger l'épée au côté.

A Bourges, Prévôt et consuls avaient une place spéciale dans la grande nef de la cathédrale et ils avaient pris le soin d'y faire dresser un banc, afin, dit Toubeau, d'être séparés et distingués du peuple ; et, ce qui est un peu plus chrétien, afin d'entendre mieux le sermon. Ils marchaient au même rang que le Présidial. Aux enterrements de ceux qui avaient fait partie du Consulat, ils assistaient en corps, revêtus de la robe, portant la toque et précédés de leurs huissiers.

A Clermont, le Consulat marchait immédiatement après les maire et échevins et avant les capitaines de ville. Les juges-consuls assistaient en robe et en toque à la messe, aux vêpres et aux processions, tant à Bourges qu'à Clermont.

A Chartres, le Consulat ne venait qu'après les officiers du grenier à sel. Ceux-ci suivaient immédiatement les échevins.

Dans certaines villes, comme à Poitiers, les juges-consuls, en leur qualité de tribunal de première instance, marchaient sur le même rang que le Président, mais tenaient la gauche.

A Angers et à Auxerre, ils assistaient aux cérémonies publiques en robe et en toque, à la suite du maire et des échevins.

A Aurillac, en l'absence du maire, ils présidaient les assemblées tenues en l'hôtel de ville.

Un arrêt du Conseil d'Etat du 5 janvier 1564 (1) fixait d'ailleurs le rang et la place des juges-consuls dans le sens sus-indiqué.

Enfin, le projet de règlement général du chancelier de Lamoignon proposait que partout les juges-consuls, anciens et actuels, eussent le pas sur les avocats, notaires et procureurs, et suivissent immédiatement le corps de ville dans les cérémonies publiques.

A Orléans, la question de pas et de préséance des juges-consuls donna lieu à des contestations très longues, suivies d'une transaction solennelle.

Dès l'année 1622, le consulat avait le droit de se faire représenter à l'élection des officiers municipaux par trois députés et ceux-ci devaient être placés immédiatement après les anciens maires, échevins et receveurs des deniers de la ville et dans le même banc. Mais, en 1696, une difficulté s'éleva à ce sujet entre eux et la communauté des marchands fréquentants. Le litige fut porté devant le conseil du duc d'Orléans et une transaction, homologuée par décision du Conseil d'Etat du 27 novembre suivant, reconnut au Consulat le droit d'envoyer trois délégués aux assemblées générales de la ville, avec droit de siéger au banc des anciens maires et de donner leur avis sur les questions vidées en ces assemblées.

Or, il arriva que, le 22 mai 1696, une assemblée municipale ayant été réunie, les députés du corps des capitaines volontaires se placèrent, « de l'assentiment et volonté des maires et échevins et malgré toutes les réclamations des juges-consuls, » devant ceux-ci dans le banc municipal. Puis, en 1726, le procès-verbal d'une semblable assemblée nomma les mêmes capitaines de la milice après les quatre anciens maires et avec les juges-consuls. Le fait se renouvela encore, malgré les

(1) TOUBEAU, *Institutes du droit commercial.*

plaintes de ceux-ci, en 1726. La question fut portée devant le duc d'Orléans. Le Consulat fit valoir des arrêts rendus en Conseil d'Etat au profit des juges-consuls de Sens et de Langres, en 1756 et 1758 ; au profit de ceux de Montpellier la même année, de Caen en 1759, tous contre les officiers de la milice bourgeoise de ces diverses villes et tous affirmant unanimement que ces derniers n'avaient rang qu'après les députés du Consulat.

Les juges-consuls d'Orléans demandaient en outre que, dans ces mêmes assemblées, les listes d'élection fussent remises à leurs délégués à leur place, sans que ceux-ci eussent besoin de sortir de leur banc pour aller y apposer leur marque, faveur dont jouissaient les autres corps de justice.

Le colonel, les capitaines volontaires et les autres officiers de la bourgeoisie orléanaise prétendaient conserver le rang dont ils étaient en possession depuis 1692, et être nommés et appelés à voter avant les députés du Consulat.

Le duc d'Orléans, après de longs débats sur cette grave question, son conseil réuni et entendu, statua le 4 mars 1760.

Il décida que les officiers volontaires conserveraient le rang qu'ils occupaient aux assemblées d'après l'usage traditionnel, mais que la liste des sujets à élire serait présentée aux délégués des juges-consuls, à leur place, aussitôt après l'avoir été aux autres corps judiciaires, et ne serait remise aux mains des officiers volontaires qu'après que les juges-consuls y auraient apposé leur marque.

On s'étonnera peut-être que des hommes graves, fort appliqués à remplir des fonctions importantes et difficiles, et qui le faisaient à la satisfaction complète de leurs justiciables, aient ainsi soutenu pendant plus d'un siècle une prétention dont l'intérêt nous apparaît aujourd'hui si mince. Mais qui ne sait qu'en tout temps l'esprit de corps et la question de préséance ont soulevé de semblables débats ?

IX

COMPÉTENCE DES JUGES-CONSULS

Sur quels sujets pouvaient porter les jugements des juges-consuls et quelles étaient les limites de leur ressort? Telles sont les questions à examiner sous le double titre de compétence du fond et de compétence territoriale.

1° *Compétence du fond*

Les juges-consuls connaissaient, aux termes de l'Edit de création, de tous procès et différends entre marchands pour fait de marchandises seulement, privativement à tous les juges-royaux et autres. Leurs sentences étaient en dernier ressort jusqu'à cinq cents livres tournois. Elles devaient être exécutées sans aucun visa, placet ni pareatis. Même sujettes à un appel, elles étaient exécutoires par provision. Le roi, comme s'il eut prévu la résistance qui allait se produire de la part des tribunaux ordinaires, leur défendait à l'avance d'apporter aucune entrave à l'exercice de la nouvelle juridiction, enjoignait aux huissiers et autres gens de justice d'exécuter les jugements des juges-consuls, commandait enfin aux geôliers, gardes de prisons et autres hauts justiciers de recevoir les prisonniers décrétés de contrainte par corps. Les appels devaient être relevés devant le Parlement de Paris et non devant les juges d'Orléans.

Les prévisions du roi ne tardèrent pas à se réaliser et la

nouvelle juridiction fut, dès les premiers jours de son existence, en butte à des attaques incessantes de la part tous les juges et gens de justice.

Les Juges ordinaires (ce sont les rois eux-mêmes qui ne cesseront de le répéter dans leurs déclarations et lettres-patentes) étaient emportés « par un esprit de lucre et « parce qu'ils voyaient diminuer le nômbre des procès portés « devant eux ». (Déclaration du roi donnée à Moulins le 13 février 1566, deux ans après la fondation de la juridiction consulaire à Orléans.) Ils agissaient ainsi « en haine » des nouveaux juges (Déclaration du 8 mars 1571).

Les procureurs devaient tout naturellement voir d'un fort mauvais œil une juridiction devant laquelle leur ministère n'était pas obligatoire et parut même pendant longtemps défendu. Aussi les déclarations royales sont-elles à plusieurs reprises obligées de les rappeler à l'ordre et de leur défendre de représenter devant les juges ordinaires les mauvais plaideurs qui, sous prétexte d'incompétence des juges-consuls, venaient demander l'annulation des assignations portées devant ceux-ci.

Les huissiers enfin et autres gens de justice, que les ordonnances royales rappelèrent constamment à leur devoir, enhardis par l'exemple des juges ordinaires, encouragés même quelquefois par leurs ordres, vivant au milieu des procureurs dont ils avaient intérêt à épouser la querelle, et ne trouvant du reste pas leur compte dans la procédure économique du Consulat, firent tout naturellement chorus avec les autres ; et, allant plus loin, comme cela se voit toujours en pareil cas, ils négligèrent même les formes extérieures de la politesse et poussèrent le sans-gêne à l'égard de ces marchands érigés soudainement en magistrats, jusqu'à refuser d'assister à leurs audiences et d'y remplir leur modeste office.

Dès l'année 1564, c'est-à-dire au cours même de leur premier exercice annuel, les juges-consuls d'Orléans durent dépêcher au roi un envoyé chargé de « lui remontrer que, « bien que leur établissement eût été fait pour bonnes « causes et justes considérations, les juges ordinaires empê- « chaient chaque jour le cours de la juridiction consulaire,

« ce qui avait causé plusieurs difficultés d'où étaient venues « diverses sentences, défenses, jugements et arrêts con« traires à l'édit et *rendait leur juridiction illusoire.* »

Le roi accueillit ces doléances avec faveur et, par une déclaration *interprétative* de l'édit, le Conseil décida, le 23 avril 1575, que, *seuls*, les juges-consuls devaient connaître des ventes et achats entre marchands, et les autorisa à passer outre à toutes exceptions et appellations d'incompétence. En plus il fit expresse défense aux tribunaux et aux cours, et même aux procureurs, d'accepter les appels des marchands qui voudraient décliner la compétence des juges-consuls. Enfin il alla jusqu'à permettre à ceux-ci de prononcer des amendes contre les contrevenants et contre les huissiers qui refuseraient de porter les assignations devant le Consulat.

Or, les difficultés faites à Orléans se répétaient de tous côtés. On avait vu les tribunaux de Normandie défendre aux huissiers de procéder devant les Prieur et consuls de Rouen, établis avant les consulats proprement dits. Ceux de Bordeaux s'opposèrent même à l'établissement des juges-consuls de cette ville « sous couleur que les pouvoirs des nouveaux « juges n'étaient pas aussi amplement définis qu'il était « requis ».

C'est pourquoi le Conseil royal ordonna que la déclaration interprétative de l'édit qu'il venait de rendre s'appliquerait non pas seulement à Orléans mais à toute la France, serait lue et publiée dans tous les bailliages sans aucune modification et serait imprimée partout sans permission spéciale.

Les procès continuèrent malgré cette déclaration et, le 4 octobre de la même année, le Parlement de Paris dut rendre un arrêt qui condamnait les prévost, bailli et lieutenant du roi, pour s'être emparés d'une affaire entre marchands, que le demandeur avait portée devant les juges-consuls d'Orléans. Ceux-ci avaient encore dû intervenir en personne devant le Parlement pour faire respecter leurs droits.

L'année suivante, nouvelle déclaration solennelle du roi sur les doléances du consulat de Troyes, mais rendue cette fois encore commune à tous les consulats. Les juges ordinaires avaient été jusqu'à ordonner l'élargissement d'un débiteur contraint par corps en vertu d'un jugement consulaire revêtu de la formule exécutoire. Le roi, par la déclaration de Moulins du 13 février 1566, décida que tout juge qui, de nouveau, contreviendrait à sa volonté, serait passible d'une amende de cinquante livres, et, pour obvier à une difficulté provenant de ce que les juges ordinaires refusaient d'apposer leur sceau sur les sentences des juges-consuls (formalité nécessaire pour qu'il pût être procédé à l'exécution de ces jugements), il permit à ces derniers de se servir à cet effet du sceau de la ville où ils siégeaient.

Cette déclaration était conçue en termes très durs pour les juges ordinaires. C'est là qu'il était dit que toutes ces difficultés provenaient de leur esprit de lucre et de ce que, voyant diminuer le nombre des procès portés devant leur juridiction, ils cherchaient à anéantir le fruit et l'utilité que la nouvelle juridiction devait produire.

Mais ce langage sévère n'impressionna guère ceux à qui il s'adressait, car nous voyons qu'à la date du 4 octobre 1567 un marchand d'Orléans, Jacques Sauldry, vint, aux grands jours de Poitiers, porter devant le représentant du roi appel contre une nouvelle entreprise de juridiction, commise le 15 mai précédent par le prévost d'Orléans et contre un jugement du même, en date du 1er juillet suivant, rendu contre lui par les juges présidiaux de notre ville. Il était assisté par les juges-consuls dans cette démarche et il obtint de la cour des grands jours un arrêt lui donnant gain de cause et renouvelant aux juges ordinaires et aux gens de justice les défenses précédemment faites de rien entreprendre contre la juridiction des juges-consuls.

Même situation en 1571, et nouvelle déclaration royale, le 20 janvier 1571, en faveur du consulat d'Orléans, rappelant celle de Moulins et réitérant la défense aux juges ordinaires de s'opposer à la prononciation des jugements consulaires et à leur exécution, leur interdisant d'élargir les prisonniers comme ils venaient encore de le faire et de favoriser la désobéissance des huissiers.

L'année suivante, 8 mars 1571, le roi est encore obligé d'intervenir. Il n'a que des éloges pour les juges-consuls d'Orléans qui « ont exercé et exercent encore à présent au « soulagement de notre peuple, suivant ce qui leur est ac- « cordé par nos édits, sans entreprendre aucune chose par « dessus ».

Quant aux juges ordinaires, voici comment le roi les traite :

« Ce néanmoins, nos prévost et bailli d'Orléans ou leurs « lieutenants ou nos autres juges, en haine de telle juridic- « tion, les troublent et reçoivent toutes les plaintes de ceux, « qui, se défiant de leur droit, veulent fuir la justice des « juges-consuls et empêchent la dite juridiction, toutes « choses qui la rendent sans effet et le contenu en nos édits « et déclarations illusoires. »

Après quoi, le roi renouvelle toutes ses défenses précédentes et va jusqu'à ordonner aux geôliers de refuser obéissance aux juges ordinaires qui voudraient élargir les prisonniers malgré les jugements des juges-consuls.

Peu après, le Parlement de Paris fut appelé à son tour à statuer sur ce conflit entre les juges ordinaires et les juges-consuls. Il rendit, le 23 janvier 1572, un arrêt favorable quant au fond aux juges-consuls et condamnant les agissements des juges ordinaires, mais laissant percer sous la forme de ses considérants une certaine hostilité contre la nouvelle juridiction.

Voici le langage qu'il tient d'abord dans l'exposé des faits : « Or, nous ayant plu de communiquer la puissance et auto- « rité de juger aux marchands *pour quelque temps* (*si bene « vel male id factum fuerit, adhuc sub judice lis est*), avec « le temps on pourra mieux parler ; toutefois, par ce qui s'est « passé jusqu'ici on peut dire, sans risquer un blâme (*cum « bonâ veniâ*) qu'il n'était pas nécessaire de leur bailler cette « autorité; les arrêts depuis donnés en font foi suffisante. »

Après quoi, le Parlement s'adresse comme il suit aux juges royaux :

« Quant aux juges royaux, ores qu'ils soient plus anciens « et jugeant sous notre nom et autorité, si doivent-ils consi-

« dérer que les juges et consuls des marchands ont reçu « même autorité de nous pour juger en cas de leur édit et « institution. »

Ne croit-on pas, à lire cet arrêt, que son rédacteur dut être quelque vénérable président à mortier. Grand admirateur du passé, fort peu épris des nouveautés, il considère non sans quelque dédain cette nouvelle magistrature des juges-consuls, simple essai dont l'utilité ne lui est nullement démontrée, et rattaché par toutes sortes de liens d'amitié, de famille et en tout cas d'esprit de corps aux juges du roi, dont les privilèges lui paraissaient avoir subi une grave atteinte, il a lu sans doute d'un œil ironique les jugements rendus par ces marchands, dans un style qui n'avait rien de juridique, informes quelquefois, mal rendus peut-être dans certains cas, ce dont les arrêts depuis peu donnés forment, dit-il, preuve suffisante. Tout cela, à son avis, ne durera guère, et « s'il nous a plu de donner à de simples marchands », ajoute-t-il avec une certaine morgue et en confondant la volonté du Parlement avec celle du roi, « cette autorité de juger », ce n'est que pour un temps. Il veut tout au moins laisser cet espoir aux juges royaux qu'il condamne à regret. Enfin il semble avoir voulu condimenter son arrêt de citations latines dont il adoucit la traduction avec le secret espoir d'être compris par les juges royaux et par ceux-là seuls.

Il faut convenir, en tout cas, que ce langage n'était pas fait pour courber sous le joug des magistrats qui ne le supportaient déjà qu'à grand' peine, et on ne saurait être surpris, en constatant l'état d'esprit de la haute magistrature et ses dispositions plutôt malveillantes pour le consulat, de voir les juges ordinaires persévérer dans leurs agissements et empiéter de plus en plus contre les attributions des juges des marchands.

Aussi voyons-nous les déclarations royales se renouveler d'année en année. On en trouve en 1572, en 1574, en 1575, en 1581, en 1596, 1597 et 1599.

En cette dernière année, ce sont les marchands orléanais qui viennent eux-mêmes porter leurs doléances aux pieds du roi. Ils lui exposent que la justice consulaire va être anéantie par les entreprises continuelles des juges ordinaires. Ils rappellent l'Edit, les nombreuses déclarations royales, les lettres patentes déjà obtenues et qui demeurent lettre morte.

Le roi, comme toujours, accueillit ces doléances et, pour la première fois, ajoutant au texte de l'Edit de création, déclara que la juridiction des juges consuls d'Orléans n'était pas renfermée dans les limites de la ville, mais s'étendait jusqu'à Beaugency et jusqu'à Janville. Il défendit en conséquence aux prévosts de ces deux villes de juger les questions commerciales.

Le conflit persista aussi violent et aussi irréductible de la part des juges royaux jusqu'à la Révolution, et les recueils spéciaux rapportent un très grand nombre d'arrêts qu'il serait fastidieux de reproduire ici et qui se résument d'un mot. Pas un instant les juges ordinaires, quoique presque toujours vaincus, n'ont déserté la lutte. Pas une fois non plus nos juges consuls n'ont hésité à accorder leur assistance aux justiciables qui demandaient leur intervention devant les juridictions ordinaires ou devant le Parlement, et nous les verrons plus loin obligés d'aller quêter de porte en porte chez les marchands et boutiquiers l'offrande nécessaire pour faire face aux frais de la procédure ruineuse qu'ils étaient obligés de soutenir contre les juges royaux.

Il faut ajouter seulement que presque toujours ils furent soutenus à la fois par le roi et par l'opinion publique, leur institution ayant été dès son origine et ayant continué toujours à être très populaire.

Il y a, à cet égard, des preuves et des témoignages multiples. Ainsi, le bruit s'étant répandu à Orléans qu'aux Etats-Généraux, qui allaient se tenir à Blois en 1576, les juges ordinaires devaient se faire représenter aux fins, dit le catalogue, de faire supprimer les juridictions consulaires, les marchands de notre ville décidèrent d'y envoyer des délégués avec mission de parler en sens contraire. Les autres consulats en firent autant et eurent vingt-deux représentants aux Etats-Généraux. Le premier article des cahiers dressés par le Tiers-Etat du Berri demandait, dit Toubeau, « la conservation et le maintien de cette justice en sa splen-

« deur et en ses privilèges comme une des choses les plus « avantageuses au bien public de la province ». M. Picot (1) « dit à ce sujet que l'institution des juges-consuls fondée par « l'Hôpital avait eu un incontestable succès et que, dans les « grandes villes, leur juridiction était en pleine prospérité. « Jaloux de ce succès », ajoute-t-il, « les défenseurs des « présidiaux demandaient une suppression radicale. Mais la « noblesse se joignit aux députés des juges-consuls et demanda « hautement le maintien de cette juridiction. On décida seu- « lement qu'elle ne serait maintenue que dans les grandes « villes où il y avait un nombre suffisant de commerçants pour « recruter le tribunal et de litiges pour l'occuper. »

Encore faut-il remarquer que le chancelier de Lamoignon, dans son rapport sur l'unification des tribunaux consulaires, affirme que cette suppression resta toute platonique : « Cette « disposition extorquée, dit-il, par les juges ordinaires du « Tiers-Etat ne fut pas exécutée. Aucun consulat ne fut « supprimé. Henri III connaissait trop combien les juridic- « tions consulaires étaient utiles à ses sujets et on l'a toujours « vu appliqué à les soutenir contre les juges ordinaires, « comme cela résulte de ses lettres de septembre 1578, « 15 mai 1579, 20 août 1581 et 15 décembre 1582 (2). »

Une seule fois, le roi sembla donner tort aux juges-consuls. Dans une déclaration du 2 octobre 1610, il leur rappela que leur juridiction était limitée aux litiges entre marchands et ne pouvait par conséquent statuer, comme l'avaient fait à tort certains tribunaux, sur des prêts qui n'étaient pas causés par des ventes de marchandises, sur des gages de serviteurs et salaires de mercenaires, sur des ventes de blés et de vins par des cultivateurs et sur des loyers de maisons et héritages, toutes affaires qui n'étaient pas de leur juridiction, parce qu'ils n'étaient pas initiés à la connaissance des ordonnances et des coutumes. En conséquence, la déclaration royale faisait défense aux juges-consuls de statuer sur ces matières à peine de nullité, dépens, dommages et *prise à partie*.

Ce langage, qui ne fut pas bien compris d'abord, émut au

(1) Picot. *Histoire des Etats-Généraux*, t. II, p. 40.
(2) *Archives du Loiret*. C. 97. Mémoire du Chancelier, 1763.

plus haut point les consulats. De toutes parts, et notamment d'Orléans, on jeta un cri d'alarme. On ne trouve plus de candidats, disaient nos juges-consuls, tant est grande la crainte de la prise à partie au cas où la nouvelle déclaration ne serait pas bien appliquée. Or, il semble qu'elle enlève aux consulats tous les droits précédemment acquis. Aussitôt et dès le 4 octobre de l'année 1611, le roi, par une déclaration nouvelle, maintint les pouvoirs conférés aux juges-consuls par les Edits, arrêts et déclarations antérieurs et expliqua que la seule différence entre les juges ordinaires et les juges-consuls consistait en ce que ceux-ci, simples juges d'exception, devaient d'office renvoyer les causes qui n'étaient pas marchandes ou tout au moins ne pas refuser ce renvoi dès qu'il était établi qu'il ne s'agissait pas d'un acte de commerce.

A la différence des juges royaux, les juges-consuls se soumirent immédiatement et le chancelier de Lamoignon leur en donnait, en 1763, cet éclatant témoignage : « Les juges-« consuls renvoient », dit-il, « aux juges ordinaires, même « d'office, les causes qui ne sont pas de commerce. Mais il « est rare de voir les juges ordinaires renvoyer au consulat « les causes qui ne sont pas de leur compétence. Les juges-« consuls n'interviennent devant les juges ordinaires que « pour ne pas se refuser à une partie qui les réclame, tandis « que les juges ordinaires révoquent des assignations don-« nées devant le consulat, ce qui est détestable. »

Le chancelier avait bien raison d'accuser ainsi les juges ordinaires, car nous les voyons, aux Etats-Généraux de Paris de 1614, demander à être autorisés à partager avec la juridiction consulaire la compétence pour juger les causes de commerce, ce qui leur fut refusé. Nous les voyons encore, en 1673 (le fait est rapporté dans un règlement fait à cette date par le consulat de Paris), traduire au Châtelet en revendication d'assignation les marchands, banquiers et artisans qui appelaient leurs débiteurs devant les juges-consuls, annuler les sentences rendues par ceux-ci, rendre des ordonnances par lesquelles défense était faite d'exécuter les jugements consulaires, frapper d'amende ceux qui procédaient devant cette juridiction, et encourager les huissiers à cheval, sergents à verge et autres huissiers à poursuivre les affaires commerciales devant les présidiaux « *par affectation et pour faire des frais* ».

Le conflit ne faisait encore que s'aggraver dans les années suivantes, et on trouve, à la date du 7 août 1698, un réquisitoire de d'Aguesseau, avocat du roi, qui, après avoir rapporté les mêmes faits et les avoir flétris, ajoute ce détail typique : « On peut voir sur les murs de Paris, affichées d'un côté, « une ordonnance des juges-consuls et de l'autre une ordon- « nance du Prévost, pour soutenir les intérêts opposés de « leur juridiction. »

Quel désordre ! Et se figure-t-on l'éclat de rire universel que soulèverait de nos jours, avec l'immense publicité de la presse et nos innombrables journaux satiriques et autres, le spectacle inimaginable, à notre époque, de deux juridictions rivales et concurrentes, luttant à coup d'affiches l'une contre l'autre et imitant l'exemple des plus mauvais procureurs d'autrefois, pour racoler des plaideurs.

Et cependant le temps avait marché. A l'édit de création, dont les termes pouvaient avoir été insuffisamment compris à l'origine, avaient succédé toutes les déclarations et interprétations ci-dessus rapportées ainsi qu'un nombre considérable de lettres-patentes et d'arrêts du Parlement. Les ordonnances de 1667, l'art. XIII de l'ordonnance de 1673, celle de 1681 et une dernière déclaration toute récente encore du 16 février 1693 avaient donné sur cette matière des clartés telles que notre compatriote, le jurisconsulte Jousse, pouvait, dans son livre intitulé : *Détail historique de la ville d'Orléans pour l'année* 1736, résumer en quelques lignes, de la manière suivante, les règles de la compétence du Consulat :

Les juges-consuls connaissent en 1re instance :

1° De tous procès pour faits de marchandises entre marchands, leurs veuves et leurs facteurs.

2° Des billets de change entre marchands (1).

(1) L'usage s'était partout répandu d'accorder un délai de grâce pour le paiement des billets. Presque partout il était de dix jours. Le chancelier de Lamoignon dans son mémoire déclare qu'à Orléans, notamment, ce délai

3° Des lettres de change de place en place entre toutes personnes.

4° Des différends pour ventes faites à des marchands par d'autres marchands, ou artisans, ou gens de métier qui achètent pour revendre ou travailler de leur profession.

5° Des gages, salaires et pensions des facteurs et autres serviteurs, pour faits de leur trafic.

6° A l'égard des ventes faites par des particuliers avec marchands à des marchands ou artisans faisant profession de revendre, il est libre de faire assigner les acheteurs ou devant les juges ordinaires ou devant les consuls.

Sur l'appel : les juges-consuls jugent en dernier ressort jusqu'à la somme de cinq cents livres.

Toutes leurs sentences s'exécutent par provision.

L'appel se relève au Parlement (1).

Il fallait donc aux juges ordinaires un grand aveuglement ou un esprit de passion poussé jusqu'à l'outrance pour continuer la lutte sur une matière aussi nettement définie. On jugera du reste de cet état d'esprit par le fait suivant :

La connaissance des différends nés à l'occasion des achats et ventes faits dans les foires avait été réservée aux anciens conservateurs des privilèges des foires dans les villes où il

n'était jamais plus long, quelle que fût la nature des billets, tandis qu'à Paris il était d'un mois lorsqu'il était causé « valeur en marchandises ». On sait qu'à Paris l'usage a subsisté d'accorder vingt-cinq jours de grâce pour le paiement des billets et lettres de change.

(1) Au mois de mai 1788, une ordonnance royale, traitant après tant d'autres de l'administration de la justice, modifia les règles relatives à l'appel des affaires commerciales. Aux termes de l'art. 37 de cette ordonnance, les appels devaient être dorénavant portés, suivant l'importance du litige, soit devant le présidial, soit devant le grand bailliage qui venait d'être institué et qui jugeait en dernier ressort jusqu'à la somme de 20,000 livres, soit enfin devant le Parlement, quand l'importance du procès dépassait cette somme. En outre, présidiaux et grands bailliages connaissaient en dernier ressort de l'exécution des jugements consulaires.

Cette réforme *in extremis* fut à peine appliquée et ne paraît avoir eu aucune influence sur le tribunal d'Orléans.

Le catalogue ne la mentionne même pas et la législation moderne est revenue avec raison, dès l'année 1791, au système ancien, consistant à porter les appels devant une Cour supérieure.

en avait été établi avant la création des tribunaux consulaires.

De même, les procès résultant du commerce maritime étaient jugés, non par les tribunaux consulaires, mais par les amirautés (1).

Enfin le roi, par l'édit de création, n'avait pas confié aux juges-consuls la connaissance des faillites et banqueroutes qui ne leur fut donnée d'une manière très intermittente qu'en 1668 et de 1715 à 1732. La principale raison de ce refus paraît avoir été que la faillite était considérée comme une chose très grave, intéressant l'ordre public et que la banqueroute était un crime puni de peines très graves, le plus souvent des galères et quelquefois de mort ; et que, par suite, leur connaissance devait être laissée aux juges qui avaient la plénitude de juridiction. Pourtant les auteurs étaient fort divisés à ce sujet et nous lisons même dans le préambule d'une déclaration royale de 1722 que « la procédure des faillites devant les juridic- « tions ordinaires était plus ruineuse que la faillite elle-même ».

Le chancelier de Lamoignon émettait le vœu, en 1763, que cette connaissance fût rendue aux juges-consuls, et il en donnait diverses raisons. Nous n'en retenons qu'une parce qu'elle a trait directement à notre sujet. « Les juges ordi- « naires, dit-il, refusent de poursuivre les banqueroutiers « quand les créanciers ne veulent pas faire les frais d'empri-

(1) Les amirautés constituaient avant 1759 une juridiction spéciale où la justice se rendait au nom de l'amiral de France.

L'amiral de France était dans le principe un des grands officiers de la couronne investi des pouvoirs les plus étendus pour tout ce qui concernait la marine militaire et marchande. Des tribunaux qu'il nommait jugeaient en son nom tout ce qui se rapportait à la marine militaire et marchande. Depuis Louis XIV c'était le roi qui nommait les officiers de marine.

L'ordonnance de 1673 avait enlevé aux amirautés pour l'attribuer aux juges-consuls la connaissance de différends relatifs à certaines affaires maritimes, mais un arrêt du 13 avril 1679 la rendit aux amirautés.

Les appels civils de l'amirauté étaient portés soit aux Tables de marbre, soit au Parlement, suivant qu'il s'agissait d'un siège particulier ou d'un siège général.

Le chancelier de Lamoignon souhaitait qu'on redonnât aux juges-consuls la connaissance des affaires maritimes. Ce fut fait en 1790 et 1791.

« sonnement. Les juges-consuls seraient certainement plus « soucieux du droit (1) ».

Or il arriva qu'en 1698, le Parlement de Paris eut à s'occuper d'un règlement dressé par les juges ordinaires et où se rencontrait la phrase suivante que ceux-ci avaient osé y insérer :

« Les marchands banqueroutiers, pour être favorisés et « éviter la peine de mort prononcée par les ordonnances pour « le crime de banqueroute, *s'adressent à leurs confrères* « (c'est-à-dire aux juges-consuls), qui homologuent très faci- « lement les contrats faits avec des créanciers supposés. »

Et l'arrêt d'ajouter qu' « on ne peut tolérer que des juges, « dans une ordonnance publique, accusent d'autres juges de « connivence et presque de collusion avec les criminels, pour « étouffer la connaissance d'un crime et le dérober à la ven- « geance publique. »

Voilà où en étaient arrivés, à la fin du XVIIe siècle, les juges ordinaires. Voilà ce qu'ils osaient afficher sur les murs de Paris.

Inutile d'ajouter que le Parlement, après avoir rendu un plein hommage aux qualités des juges-consuls, cassait ce règlement.

Peut-on s'étonner, après cela, de voir des hommes impartiaux comme le chancelier de Lamoignon prendre parti pour

(1) Le chancelier, dans son rapport, s'exprime de la manière suivante en ce qui concerne les faillites :

Il faut rendre aux juges-consuls la connaissance des faillites qui leur a été ôtée par la déclaration de 1732. Philippe de Valois l'avait attribuée au conservateur du privilège des foires de Lyon, et François Ier avait confirmé celui-ci dans cette connaissance en 1535. Louis XIV, à son tour, confirma, le 23 décembre 1668, la déclaration de François Ier et l'accorda aux juges-consuls, en 1715, privativement à tous autres juges. Louis XV, à plusieurs reprises et notamment en 1726, la leur donna encore pour le plus grand bien du commerce. La déclaration de 1732, qui la leur a retirée, ne s'observe pas partout ; en 1758, le Parlement de Normandie l'a reconnue aux juges-consuls de Grandville, à l'exclusion du juge ordinaire de ce lieu :

Et le chancelier ajoute : « Il faudrait punir des galères les banqueroutiers, « emprisonner préventivement les faillis, exclure les faillis de toutes charges, « eux et leurs enfants jusqu'à la quatrième génération, à moins que les en- « fants ne paient les dettes de leur auteur avec intérêt et n'obtiennent sa réha- « bilitation. »

ceux qui ne faisaient que se défendre et que soutenait l'opinion unanime du commerce (1) ?

Ces éloges de la juridiction consulaire étaient du reste dans toutes les bouches et ne lui furent jamais ménagés. C'est ainsi qu'à l'Assemblée constituante du 7 mai 1790, les orateurs déclarent que « les avantages de cette juridiction sont « sensibles ; que c'est une justice éclairée, prompte et éco- « nomique, dégagée de toutes les formes de procédure qui ont « ruiné les plaideurs devant les autres juridictions, qu'enfin « si la justice commerciale n'avait pas existé, il aurait fallu « la créer. »

Que si, en face de ces éloges, nous nous reportons au tableau que nous fait Toubeau, en 1700, de la juridiction civile, nous aurons une juste idée des causes du conflit.

« Les juges ordinaires, dit Toubeau, emploient des chi- « canes épouvantables contre l'exécution des jugements du « Consulat. On surprend en chancellerie des reliefs d'appel « d'une sentence au-dessous de cinq cents livres, contre « l'institution du roi ; et, par des voies que je ne veux pas « dire, on obtient, par importunité ou par trop de facilité, « l'interposition d'un juge ordinaire et cent autres détours « ou subterfuges qu'on invente tous les jours, pour éluder « l'exécution des sentences rendues par cette juridic- « tion. »

(1) Voici en quels termes le chancelier apprécie dans son rapport la conduite des juges royaux et celle des juges-consuls :

Après avoir démontré que ceux-ci existaient en fait dès avant l'édit de 1563, il ajoute : « Les juridictions consulaires ne sont donc pas un démembrement « des tribunaux ordinaires, qui n'ont jamais connu des affaires de commerce. « On ne doit confier la décision des affaires qu'à ceux qui sont en état de les « bien décider. Et quel autre qu'un négociant instruit des règles et des usages « du commerce pourra en juger comme il faut ? Sera-ce un homme qui n'en « entend pas seulement les termes ? Combien d'écritures, combien de temps « pour les lui apprendre, tandis que la décision ne peut souffrir aucun dé- « lai ? Rendons justice à la sagesse de nos rois et des anciens législateurs « qui, en interdisant formellement aux juges ordinaires la connaissance des « affaires des marchands, l'ont confiée à des marchands instruits, dont la capa- « cité bien connue de ceux qui les ont choisis pour interprètes inspire con- « fiance au public. Que de longueurs, que de procédures et que de frais si c'étaient les juges ordinaires ! »

Puis avec cette habitude qu'avaient les auteurs du temps de rappeler les choses de l'antiquité, Toubeau ajoute : « Autre- « fois les serfs ne pouvaient déposer contre leurs maîtres, « les vierges ne pouvaient être suppliciées, non plus que les « impubères. Mais on fraudait la loi : on affranchissait les « serfs, on faisait violer la vierge par l'exécuteur, on donnait « la robe d'homme à l'impubère. Les inventions dont on se « sert aujourd'hui pour frauder l'intention du roi et les inter- « prétations captieuses qu'on donne à notre édit, ne sont « pas plus industrieuses ni moins blâmables que celles-là. »

Quoi qu'il en soit de ce langage qui pourra paraître exagéré, nous n'ajouterons qu'un mot sur ce sujet. Les éloges décernés aux juges-consuls aussi bien que les blâmes adressés aux juges ordinaires se sont trouvés amplement justifiés par les événements. Car, tandis que présidiaux, bailliages, sénéchaussées et autres tribunaux ont été balayés par la tourmente révolutionnaire sans rien laisser derrière eux que le plus fâcheux souvenir, les tribunaux consulaires, dont le parlement croyait l'existence si éphémère et la fin si prochaine dès l'année 1572, non seulement ont survécu à la Révolution, mais encore ont trouvé un rajeunissement et une vie nouvelle dans nos institutions modernes (1).

2° *Compétence territoriale*

Les Edits de création étaient muets sur l'étendue des juridictions consulaires. Mais ces nouveaux tribunaux, où la jus-

(1) Nous avons volontairement omis, sur cette question de la compétence des juges-consuls quant au fond, bien des points qui ne peuvent trouver leur place dans cette notice. Nous nous bornerons à les indiquer.

Les juges-consuls avaient le droit de faire défense à leurs justiciables de procéder ailleurs que devant eux. Leur juridiction s'étendait sur toutes personnes faisant des actes de commerce, même sur les ecclésiastiques, les gentilshommes, les officiers de judicature, les greffiers, les officiers de l'hôtel de ville, les anciens commerçants, leurs veuves et héritiers, les corps des marchands. Ils connaissaient des litiges nés à l'occasion du transport des marchandises.

On ne pouvait exciper devant eux des privilèges de la prévôté, des requêtes du Palais, des privilèges des universités, des maréchaussées, etc.

Ces questions ont, du reste, été traitées par les auteurs du temps et notamment par Toubeau, ancien Prieur du Consulat de Bourges, traité intitulé : *Institutes du droit commercial*, chap. XIV, XV, XVI et XVII.

tice se rendait sans frais, furent accueillis de tous côtés par les marchands avec une telle faveur qu'en très peu de temps on vit les plaideurs y affluer, et les cahiers du Tiers-Etat de la province de Berri, dressés pour les Etats-Généraux de Blois de 1576, c'est-à-dire treize ans à peine après l'établissement de la juridiction consulaire, citaient ce fait bien remarquable que, de vingt-cinq lieues à la ronde, il venait des gens à Bourges pour plaider devant les juges-consuls de cette ville.

Et, en effet, l'usage s'établit partout, et notamment à Orléans, dès les premières années de l'institution, de juger non seulement les affaires commerciales d'Orléans mais tous procès mûs entre marchands à l'occasion de marchés conclus à Orléans ou donnant lieu au paiement dans cette ville. Cet usage nouveau ne fut du reste que la consécration d'un usage semblable établi depuis un temps immémorial pour les procès soumis aux juges conservateurs des foires dont, on le sait, les juges consulaires ont été les continuateurs. Aussi les auteurs qui examinaient la question de compétence territoriale des juridictions commerciales commençaient-ils, comme le faisait Toubeau, par rappeler que tous litiges nés à l'occasion d'affaires faites à la foire de Lyon étaient de la connaissance exclusive du conservateur des privilèges de cette foire, ainsi que cela avait été notamment jugé par un arrêt du Parlement de Toulouse, en date du 15 septembre 1542.

La question fut soumise au Parlement de Paris, à l'occasion d'un marché fait entre un commerçant d'Orléans et un marchand de Montferrand, en Auvergne, le 1er août 1605. Jacques Le Febvre, marchand bourgeois d'Orléans, avait assigné Amable Girmont, marchand à Montferrand, en paiement d'une marchandise vendue et livrée à Orléans, et cela devant les juges-consuls de cette ville. Le défendeur prétendait qu'il aurait dû être assigné devant les juges-consuls de Clermont, d'abord parce qu'il y demeurait et en outre parce que c'était le lieu convenu pour le paiement. Mais le demandeur répondait qu'aux termes d'une lettre d'ampliation de leur juridiction reçue en juillet (?) les juges-consuls d'Orléans pouvaient connaître de tous négoces et différends pour la marchandise vendue et livrée en notre ville, tant entre les marchands demeurant au bailliage d'Orléans que hors icelui. L'avocat du roi, Barnabé Brisson, reconnut qu'en effet il y avait des lettres vérifiées au Parlement qui attribuaient cette compétence aux juges-consuls d'Orléans et que, comme dans l'espèce les parties étaient d'accord que la marchandise avait été vendue et livrée à Orléans, c'était le cas d'appliquer lesdites lettres. En conséquence, le Parlement reconnut la compétence des juges-consuls d'Orléans.

Ce premier usage, fondé sur une tradition et une analogie, fut conservé en tous temps et l'est encore aujourd'hui en vertu d'un texte de loi très précis.

Mais, à la faveur de la popularité qui s'attachait à la nouvelle juridiction, il s'établit bien vite un autre usage, que confirmèrent de nombreux arrêts et qui consistait à permettre aux juges-consuls d'une ville de connaître de tous litiges commerciaux mûs, non seulement dans les limites du bailliage, mais même dans la province et même dans les provinces voisines.

Ainsi, dès l'année 1574, le roi déclara que les juges-consuls de Clermont en Auvergne avaient le droit de faire ajourner devant eux des marchands du Berri, de Saint-Pierre le Moustier, du Foray, du Bourbonnais et de la Marche. Un arrêt de janvier 1580 décida que ceux de Tours connaissaient des procès entre marchands, pour affaires conclues dans le bailliage d'Amboise. Trois arrêts, du 20 août 1581, du 19 décembre 1582 et du 6 janvier 1587, autorisèrent les juges-consuls de Reims à juger des actes de commerce accomplis en Vermandois.

Une déclaration du roi, du 8 août 1597, expliqua que les juges-consuls de Bordeaux pouvaient connaître de tous différends pour cause de marchandises entre marchands demeurant même hors de leur territoire.

Des lettres-patentes, données avec commission du Parlement, le 3 septembre 1597, permirent aux juges-consuls de Bourges de juger les marchands d'Issoudun et de Moulins.

Les juges-consuls d'Angers connaissaient des procès mûs entre marchands de La Flèche, du Lude et même de Saumur, privativement aux juges ordinaires. (Arrêt de Paris, 3 septembre 1603.)

Ceux de Tours étaient autorisés à juger les marchands de Loches, de Châtillon, du Mans. (Lettres patentes, 20 avril 1612) et même de Vendôme (26 mai 1620, arrêt contre le Duc de Vendômois).

Ceux de Paris pouvaient juger les marchands d'Etampes (arrêt du 28 septembre 1647 c. le bailli d'Etampes).

Quant aux juges-consuls d'Orléans, nombre d'arrêts étendaient leur compétence hors de cette ville.

Dès 1576, ils furent autorisés à juger les procès des marchands de Châteaudun.

En 1607, un arrêt du Parlement, rendu contre le prévost de Lorris, décida que les marchands de cette ville étaient autorisés à porter leurs contestations devant les juges-consuls d'Orléans et condamna le prévost en cent louis d'amende.

En 1664, c'est le bailli du Puiset qui est condamné de même, pour avoir voulu empêcher un marchand d'Orléans d'exécuter un jugement rendu par les juges-consuls d'Orléans contre un marchand de Patay.

En 1665, même condamnation contre le prévost de Beaugency, pour même cause.

Enfin, le catalogue, où nous puisons tous les renseignements qui précèdent, nous dit qu'en 1711, plusieurs villes voisines venaient porter leurs procès de commerce devant le consulat d'Orléans (1).

De son côté, Toubeau rapporte encore deux arrêts du Parlement de Paris, rendus en 1683, et par lesquels défense était faite et renouvelée aux officiers du bailliage de Blois de révoquer les assignations données devant les juges-consuls d'Orléans et d'élargir les prisonniers, à peine de 500 livres d'amende. Ces arrêts déclarent expressément que les causes mûes entre marchands de Blois, pour fait de marchandise, sont du domaine des juges-consuls d'Orléans.

Ainsi, au commencement du XVIIIe siècle, la situation était

(1) V. aussi *Consulat*, B. 1598, bibliothèque d'Orléans.

la suivante, au témoignage du chancelier dans son rapport de 1763 : Les causes de commerce devaient être portées aux juridictions les plus prochaines. Il y avait à cet égard un édit formel rendu pour Montpellier en 1691. Lorsqu'en 1710 vingt nouvelles juridictions consulaires avaient été établies, les édits de création décidaient qu'elles connaîtraient des affaires mûes dans un rayon dont les limites seraient déterminées par les intendants, pour les séparer des anciennes, qui connaissaient auparavant des causes de commerce mûes dans les villes où on venait d'en établir de nouvelles. Les juridictions n'étaient pas renfermées dans l'étendue du bailliage. La distinction même des Parlements ne les bornait pas. Ainsi les consuls de Chartres étaient autorisés par des arrêts à juger les contestations agitées dans le ressort des Parlements de Paris et de Rouen ; ceux d'Auxerre à connaître des affaires mûes dans le Parlement de Paris et de Dijon. Jamais, ajoutait le chancelier, on n'avait vu de consulats disputer entre eux sur l'étendue de leur ressort.

« Ceux d'Orléans, disait-il en terminant, connaissent des « causes mûes à Blois, à Vendôme, à Châteaudun, à Montargis et à Romorantin. Mais ils ne se sont jamais plaint « de ce que les marchands de ces villes portaient leurs « causes devant le consulat de Tours, de Chartres, de Sens « et de Bourges. »

Telle était la situation, quand tout à coup un revirement se produisit. Un arrêt du 24 janvier 1733, portant règlement entre les officiers du présidial et les juges-consuls d'Angoulême, déclara expressément que défense était faite à ceux-ci de connaître des causes des marchands non domiciliés à Angoulême. Puis, à la date du 7 avril 1759, par une déclaration très longuement motivée, le roi Louis XV décida en termes exprès que les juridictions consulaires ne devaient pas avoir d'étendue autre que celle du siège royal des villes où elles étaient établies. Pour remédier, dit l'ordonnance, dont nous abrégeons les termes, aux abus qui se sont introduits par l'*usage*, ce qui a été *confirmé par quelques jugements sur le seul fondement de la possession*, il y a lieu de décider que les juges-consuls ne doivent connaître des contestations entre marchands pour fait de marchandise et de négoce qu'autant que le défendeur est domicilié dans l'étendue du bailliage ou sénéchaussée de leur établissement, sauf les cas où soit la promesse et la livraison, soit le paiement auront été convenus en un certain lieu.

Cette déclaration produisit une émotion considérable dans les consulats, et, de toutes parts, le commerce demanda qu'elle fût rapportée. Il semble bien que ce fut à l'occasion de ces nombreuses plaintes que le chancelier de Lamoignon fut chargé d'examiner les améliorations qu'il convenait d'apporter à la juridiction consulaire; car il s'étend longuement dans son travail sur les inconvénients de cette déclaration. Nous n'en ferons qu'une brève analyse.

Après avoir rapporté les représentations unanimes des juges-consuls, il ajoute qu'ils sont bien désintéressés dans leur demande, puisque, rendant la justice gratuitement, ils n'ont aucun avantage à augmenter le nombre des procès qui sont portés devant eux, mais au contraire à les diminuer, pour avoir plus de temps à donner à leurs propres affaires : « mais ils ont toujours rempli les vues de leur établissement », ajoute-t-il, et « c'est le bien public seulement qu'ils ont en vue ».

D'ailleurs, dit encore le chancelier, comment un bailli de village jugera-t-il des affaires qu'il n'entend pas, et quelle sera la position d'un négociant qui devra poursuivre à grands frais, par un procureur souvent ignorant des affaires de commerce et devant une juridiction où les procès sont immortels, des débiteurs de mauvaise foi qui se soustrairont par chicane à ses demandes, pendant que lui-même, habitant une ville, siège d'une juridiction consulaire, où l'on juge de jour à jour et même d'heure à heure, sera exposé à des poursuites rapides et à des jugements exécutoires par provision ?

Enfin le chancelier concluait de tout cela que rien ne serait plus avantageux que de laisser le ressort des juridictions consulaires tel qu'il était avant 1759, d'abord parce que les juridictions consulaires n'étaient pas, d'après lui, un démembrement des tribunaux des juges ordinaires, qui n'avaient jamais connu des affaires de commerce; ensuite parce que les premiers tribunaux consulaires avaient été créés en 1549 et en 1556 pour le Languedoc, l'Auvergne et la Normandie, ce qui indiquait bien que leur juridiction devait s'étendre au delà des bornes de la ville où ils tenaient leur siège; enfin parce qu'il lui semblait absurde d'obliger les marchands à poursuivre leurs débiteurs devant la juridiction civile, dont les lenteurs étaient sans fin, sous prétexte que ceux-ci n'étaient pas domiciliés dans la ville même où siégeaient les juges-consuls.

Mais toutes ces raisons demeurèrent sans effet ; la déclaration fut maintenue, et les consulats n'eurent plus en principe de juridiction que sur les marchands qui habitaient les villes de leur siège.

Il y eut là une réaction exagérée contre ce qui constituait un léger abus. Il est certain que le ressort des consulats n'était pas suffisamment déterminé jusqu'en 1759. Il était abusif de leur laisser connaître d'affaires mûes dans le ressort d'une autre cour que celle dont ils dépendaient. Mais il était mauvais de contraindre les négociants à plaider devant les baillis de Patay, de Jargeau, de Lorris et même devant les juges ordinaires de Châteaudun, de Blois et de Montargis. Il aurait fallu, par exemple, maintenir leur compétence à l'ensemble du duché ou de la généralité et non au delà.

Mais l'heure approchait où l'unification de la France et sa subdivision en départements et en arrondissements permettrait de définir plus nettement la compétence des juges, et, dès 1790, il fut décidé qu'en dehors des questions du lieu de la promesse et de la livraison ou du lieu du paiement, les juges de commerce pourraient juger les marchands domiciliés dans toute l'étendue du district.

X

ASSEMBLÉES DU COMMERCE PROVOQUÉES PAR LES JUGES CONSULS

1re Assemblée du 21 *juillet* 1655.

Les entreprises sans cesse renouvelées des autres juges contre la juridiction consulaire entraînaient des dépenses de toute nature et des frais de justice considérables : voyages à Paris pour aller porter les doléances des marchands et du consulat jusqu'aux pieds du roi, à Clermont pour assister aux Grands Jours d'Auvergne, à Blois pour protester devant les Etats Généraux contre un projet de suppression de la juridiction ; mémoires dressés par des jurisconsultes pour élucider les points litigieux et faire valoir les moyens du consulat ; constitutions de procureurs et d'avocats devant les bailliages, prévôtés, sénéchaussées et autres nombreuses juridictions, comme aussi devant le Parlement, le Conseil du roi et plus tard le Bureau du commerce ; tout cela dans le but d'assister les marchands appelés devant les tribunaux ordinaires en revendications d'assignations et souvent condamnés en première instance, malgré leur droit indiscutable de poursuivre leurs débiteurs devant les juges-consuls, etc., etc.

Comment parer à ces dépenses qui, nous aurons occasion de le voir ci-après, étaient véritablement très lourdes ?

Dans chaque ville, les juges-consuls y pourvurent par différents moyens, dont le plus ordinaire paraît avoir été de prélever un droit de quelques sols sur les appels de chaque cause. D'autres consulats étaient en possession de leur greffe et les revenus de cet office servaient à payer ces dépenses.

A Orléans, le greffe était la propriété du greffier en chef, et les juges-consuls ne crurent pas pouvoir surélever les droits d'appels de cause.

Voici ce qu'ils imaginèrent, et, d'après une lettre de l'Intendant de la généralité d'Orléans du 1er août 1788 (1), ce moyen de trésorerie leur fut absolument personnel. Ils profitèrent de ce que les notables étaient convoqués pour l'élection annuelle, le 21 juillet 1655, pour faire venir en même temps tous les marchands, bourgeois de la ville, en leur salle d'audience. A cet effet, raconte le procès-verbal dressé par le greffier (2), ils enjoignirent à leurs quatre huissiers audienciers et à deux archers de la cinquantaine d'eux transporter es-hôtels et domiciles de tous les marchands d'Orléans, de les convoquer à une heure attendant deux après-midi, et de dresser acte de leur transport, ce qui fut fait.

A l'heure dite, se trouvèrent en la salle d'audience, le maire, Pierre Boillève (3), trois échevins, les trente notables dont les noms sont inscrits et autres en grand nombre.

Les juges-consuls, par l'organe du Président, remontrèrent à l'assemblée les nombreux procès qu'avait à soutenir la juridiction, savoir : contre le lieutenant général de Montargis qui « cassait journellement les sentences du consulat ; contre le prévost de Beaugency qui, malgré un arrêt antérieur, avait condamné à quatre-vingts livres d'amende un marchand dont le procès était encore pendant à la Grand'Chambre ; contre le bailli de Jargeau qui faisait et continuait les mêmes entreprises, et contre les autres juges d'Orléans, qui cassaient les jugements, élargissaient les prisonniers et retenaient les expéditions qu'on leur faisait « apparoir ».

Pour parer aux frais de ces procès, soutenus dans l'intérêt de la juridiction que chacun avait intérêt à conserver, le consulat proposait de faire payer aux mains du Président une petite somme de dix livres par chaque apprenti qui entrerait

(1) V. *Archives d'Orléans*, c. 97.

(2) V. *Consulat*, Bibliothèque d'Orléans, B. 1598. — V. aussi pièces justificatives, n° VI.

(3) Pierre Boillève était en même temps consul cette année-là.

chez un marchand, et pareille somme par chaque jeune marchand, le jour de son mariage.

Cette proposition fut acceptée à l'unanimité.

Le consulat sollicita du roi l'autorisation d'exécuter cette délibération, et celui-ci, par des lettres patentes de mars 1656, déclara que, désirant de tout son pouvoir contribuer à la conservation de la juridiction des juges-consuls d'Orléans, il permettait, après avoir pris l'avis de son conseil, auxdits juges-consuls et à leurs successeurs de lever cette contribution.

Ces lettres furent présentées au Parlement; mais celui-ci ne consentit à les enregistrer qu'à la condition *que le droit à percevoir sur les apprentis et sur les jeunes mariés serait diminué de moitié*, ce qui fut exécuté par le consulat.

Mais les procès avec les juges ordinaires se perpétuaient et devenaient même plus fréquents et plus chers. L'impôt prélevé sur les marchands se trouva donc insuffisant. D'ailleurs nombre de détaillants prétendaient s'y soustraire sous divers prétextes : les uns, tels que les artisans, menuisiers, jardidiers et autres, parce qu'ils n'étaient pas nommément désignés dans les lettres patentes du roi ; d'autres, tels que les jeunes négociants qui, après la suppression des corporations, s'établissaient sans avoir été apprentis, parce qu'il leur semblait, pour cette cause, n'être pas compris dans la catégorie de ceux qui devaient cette contribution.

Cependant la situation du consulat devenait grave ; vers la fin du XVIIIe siècle, il était très endetté.

Il résulte, en effet, d'un tableau dressé par les juges-consuls en exercice pendant l'année 1783, qu'au cours des dix années précédentes le consulat avait été obligé de dépenser 16.253 livres 18 sols, dont plus de 6.500 livres pour faire face aux frais du procès contre le bailliage, alors que les appels de causes et le droit marchand, c'est-à-dire le produit de l'impôt dû par les apprentis et les jeunes mariés, n'avaient produit que 5.789 livres 1 sol, d'où une dépense excédant le revenu de 10.464 livres 17 sols.

Pour y faire face, le consulat avait dû :

1° Employer ce qui lui restait en caisse dix ans avant ;

2° Déplacer une somme de 2.500 livres d'anciennes économies placées à 4 p. 100 à l'Hôtel de Ville ;

3° Recourir à des cotisations volontaires, tant dans les assemblées de négociants que par diverses quêtes faites de porte en porte chez les détaillants de la ville, corvée, dit un mémoire des juges-consuls adressé à l'Intendant en 1785, aussi pénible que désagréable, et néanmoins préférée à des lettres patentes d'impositions, qui, outre leur coût, eussent pu indisposer le commerce ;

4° Emprunter 1.000 livres sans intérêt à des prêteurs de bonne volonté qui voulaient bien attendre leur remboursement d'un avenir plus heureux ;

5° Demander aux juges-consuls eux-mêmes 25 à 30 louis par an, sacrifice volontaire que, dit le mémoire, notre compagnie se trouve probablement la seule du royaume obligée à faire à cause de l'insuffisance du revenu de sa juridiction (1).

(1) TABLEAU DES RECETTES ET DÉPENSES

DU CONSULAT PENDANT DIX ANNÉES

PRÉSIDENTS	ANNÉES	Droit marchand	Appel des causes	Rentes sur l'Hôtel-de-Ville	Dépenses
De Boislandry	1775	408 £	96l	100l	335l
Villebouré	1776	308	312 15s	100	1268 15s
Seurrat de Guilleville	1777	428	60 7	100	932 7
Hudault	1778	365	70 1	100	836 8
Isambert	1779	340	71 9	1350	1823 19
Bonvallet	1780	296 15s	90 15	52	441 15
Sarrebourse	1781	280	90 14	1352	1769 19
Malmusse	1782	340	41 5	218 15s	5154 17
Raguenet	1783	994	218 15		1320 11
Deloynes	1784	764 5	213		942
		4524 £	1265l 1s		
		1265 1s	Reste de l'année 1774		429
Total des recettes résultant du droit marchand et des appels de cause		5789 £ 1s	Le Consulat est en outre débiteur de 1000 l. qu'il a empruntées en 1787 sans intérêts		1000
Les dépenses étant de. .		16253 18s			
Il en résulte un déficit de		10464 £ 17s	Total :		16253l 18

2e *Assemblée du 25 novembre* 1785.

Les juges-consuls en fonctions au cours de l'année 1785 se décidèrent alors à réunir le corps municipal et les notables le 25 novembre de ladite année et leur exposèrent la situation.

Ils concluaient en demandant que les lettres patentes de 1656 fussent confirmées et déclarées applicables à tous les commerçants justiciables de leur juridiction. En outre, ils demandaient à être autorisés à percevoir 10 francs par chaque apprenti entrant chez un détaillant, 10 francs à l'établissement de chacun de ces derniers, et 40 francs à l'établissement de tout marchand en gros.

Ils faisaient valoir que, sans cette contribution, on ne tarderait pas à voir le consulat d'Orléans s'anéantir tant par les entreprises journalières des diverses justices auxquelles on n'aurait plus le moyen de s'opposer, que par la vive répugnance qu'on éprouvait, chaque année, de la part des négociants les plus distingués par leurs lumières et par leur probité, lorsqu'il s'agissait de les élire pour remplir une place où ils n'apercevaient plus que des désagréments et des embarras de toute espèce.

Cette assemblée générale du commerce adopta à l'unanimité la proposition du consulat. Le procès-verbal fut adressé au roi par les juges-consuls en exercice, avec un mémoire explicatif. M s l'affaire traîna dans les bureaux, et ce ne fut qu'en 1788 que l'étude en fut commencée. L'Intendant de la généralité d'Orléans, qui paraît n'avoir été chargé qu'alors par le bureau du commerce d'examiner cette affaire, écrivit pour la première fois, le 6 août 1788, aux juges-consuls d'Orléans, pour leur soumettre les objections qui lui avaient été transmises par les bureaux, et qui étaient les suivantes :

Cette contribution, levée sur les marchands par les juges-consuls et perçue par eux, paraissait chose bien extraordinaire. Cela n'était usité dans aucune autre ville de France.

D'autre part, la résistance des artisans semblait justifiée par le peu d'intérêt que présentait pour eux la juridiction commerciale, devant laquelle ils n'avaient que bien rarement à se présenter, et à raison de procès très minimes.

C'est pourquoi le bureau du commerce avait pensé que la solution de la difficulté devait consister en un impôt de capitation, à percevoir par les voies ordinaires sur les marchands en gros, à raison de 40 francs par tête.

Au surplus, on ne pouvait se baser, pour donner une suite favorable à la demande du consulat d'Orléans, sur le vote d'une assemblée qui, disait l'intendant, paraissait ne s'être composée que de quelques négociants.

En vain les juges-consuls répondirent-ils aussitôt que les motifs mis en avant par le bureau du commerce pour rejeter leur proposition et le moyen par lui proposé n'étaient ni conformes à la réalité des faits ni vraiment pratiques ; que le consulat ne demandait que la confirmation de lettres-patentes du roi remontant à 1656 ; que la délibération de 1785 avait été prise dans une assemblée à laquelle tous les commerçants et les artisans eux-mêmes avaient été convoqués ; que les commerçants en gros étaient déjà accablés d'impôts excessifs ; qu'un droit de capitation frappant sur eux seuls serait injuste ; que du reste la perception en serait ruineuse, puisque le recouvrement de 1.200 livres environ qui étaient nécessaires chaque année, entraînerait des frais qui porteraient cette contribution au moins à 2.000 livres ; qu'enfin ils étaient prêts à convoquer une nouvelle assemblée, et se tenaient pour assurés d'avoir avec eux l'immense majorité des commerçants, très attachés à leur juridiction, parce qu'elle rendait une justice à la fois prompte, désintéressée et réduite aux frais les plus indispensables.

Ces doléances ne furent pas entendues. Une correspondance continua sans résultat ; ou plutôt une décision du conseil du roi, en date du 27 avril 1789, intervint, suivant laquelle, non seulement la proposition de l'assemblée de 1785 était rejetée, mais en outre le droit de perception établi en 1656 était aboli.

Désormais, pour obvier aux dépenses de toute nature qui lui incomberaient, comme aussi pour acquitter celles qui étaient déjà faites, le consulat devrait procéder par la voie régulière, c'est-à-dire obtenir le vote par le commerce d'un impôt de capitation à payer par les marchands en gros. A cet effet, le consulat fut invité à réunir au plus tôt une assemblée du commerce d'Orléans.

Mais les juges-consuls ne crurent pas devoir recourir à ce moyen qu'ils considéraient comme trop impopulaire, et ils répondirent à M. de Chevilly qu'ils se réservaient de porter leurs doléances devant les Etats Généraux, qui allaient s'ouvrir à Versailles.

Nous n'avons pu découvrir jusqu'à présent comment le consulat parvint à s'acquitter des dettes qu'il avait contractées dans l'intérêt de ses justiciables. Mais il est bien certain que, dans l'état de choses nouveau qui allait succéder à l'ancien régime, il ne pouvait plus être question de laisser des particuliers lever ainsi des impôts, les encaisser et en dépenser le montant sans aucun contrôle.

XI

AUXILIAIRES DES JUGES-CONSULS.

I. — Des Greffiers.

L'édit de création des juges-consuls d'Orléans leur permettait de choisir « pour leur scribe et greffier telle personne d'expérience, marchand ou autre, qu'ils aviseraient ».

Mais la profession de greffier a de tout temps été fort recherchée et enviée. Aussi voyons-nous, dès la lecture de l'Edit au bailliage, le 21 mars 1564, des compétitions surgir. Tandis qu'Erasme Pâris, procureur des échevins, était déjà sur les rangs, Jehan Longuet, greffier de la prévôté, prétendit avoir un droit exclusif à la nouvelle charge, et fit déposer par un avocat et un procureur des conclusions et une requête où il faisait valoir que « dès longtemps il était pourvu du greffe « du bailliage par achat fait du roi ; et que pour ledit état « il avait payé grosses finances au dit seigneur roi, et que les « lettres d'institution des juges marchands lui feraient ré- « tracter grande partie de son greffe si autre y était admis. « En quoi il avait notable intérêt, et, pour cette cause, empê- « chait qu'autre greffier fût commis. »

Les juges royaux ne purent que lui donner acte de sa requête et le renvoyèrent à se pourvoir devant qui de droit (1).

Après leur élection et leur prestation de serment, les nouveaux magistrats, réunis le 1er novembre 1564, examinèrent cette réclamation, mais, à l'encontre, décidèrent, « suivant ce qui leur était loisible de par l'Edit », de procéder eux-mêmes à l'élection de leur greffier. Leur choix s'arrêta sur le procu-

(1) V. procès-verbal de lecture de l'Edit. *Consulat* B 1598 à la Bibliothèque d'Orléans et pièces justificatives, n° 2.

reur Erasme Pàris, celui-là même qui, à la requête des échevins, avait, quelques mois avant, présenté la requête des échevins et porté la parole devant les juges-royaux, pour l'enregistrement des lettres patentes portant l'Edit.

Le greffier ainsi choisi fut introduit dans la salle d'audience le 13 novembre 1564, jour de l'installation des juges-consuls, et prêta serment entre leurs mains de bien et fidèlement remplir sa mission.

L'Edit fixait ainsi les travaux et le salaire du greffier : Il devait faire « toutes expéditions sur bon papier, *sans user de parchemin* (dont le prix était alors très élevé) et il lui était défendu très étroitement de prendre pour ses salaires et vacations autre chose qu'un sol tournois par feuille à peine de punition corporelle et par les juges-consuls d'en répondre en leur propre nom, en cas de dissimulation ou de connivence. » Le premier greffier ainsi nommé ne jouit pas bien longtemps en paix du bénéfice de sa nouvelle charge, car, dès l'année 1574, le greffe du consulat fut créé en titre d'office et vendu à beaux deniers comptants à Perserant.

Peu de temps après, les émoluments du greffe paraissent s'être divisés en plusieurs personnes, sous plusieurs titres. Cela semble bien résulter de ce qu'on voit supprimer en 1577 le greffe des présentations, et, en 1589, réunir les greffes dont le procureur Jacques Jousse devint le syndic à l'effet de percevoir les droits de greffe *au nom de la communauté*, et encore de ce qu'en 1655, dans l'acte d'assemblée tenue le 21 juillet, il est dit que les juges-consuls étaient assistés *des greffiers de la juridiction*.

En 1595, les greffes du consulat furent encore une fois réunis au domaine du roi, et vendus à un notaire.

En 1600, nouvelle réunion au domaine royal et vente à Duchâteau-Poissy.

En 1604, le greffe fut *enlevé* à son titulaire et adjugé à Jean Desprez, de Paris (1). Il semble ainsi que les rois, poussés par des besoins de trésorerie, reprenaient de temps

(1) Tous ces détails sont extraits du catalogue de ceux qui ont été juges et consuls, Bibliothèque d'Orléans. M. S. 41.

en temps aux titulaires leurs charges si enviées, et profitaient des bénéfices résultant de la revente des greffes.

En 1671, dit Merlin, les greffes des Consulats furent presque tous érigés en offices.

En 1691, le roi créa des greffes de minimation des domaines, d'économes séquestres et de notaires apostoliques. Tous ces offices devinrent héréditaires et, en effet, on voit au catalogue toute une dynastie de greffiers, du nom de Mallard, qui se succèdent de père en fils.

Tandis que dans nombre de villes, et notamment à Paris, le greffe était la propriété du Consulat, il n'en fut jamais ainsi à Orléans, et c'est la raison principale que mettaient en avant les juges-consuls dans leurs doléances adressées au roi, le 9 juin 1787, pour obtenir l'augmentation de la taxe imposée aux apprentis et aux marchands nouvellement mariés, dont nous avons parlé plus haut. Ils n'avaient pas, disaient-ils, de ressources suffisantes pour faire face à leurs procès contre les juges royaux, parce que le greffe appartenait non pas au Consulat, mais *à divers particuliers*. Il résulte de ces derniers mots que le greffe du Consulat n'a pas cessé d'être divisé en plusieurs branches jusqu'à la fin de l'institution.

Les fonctions des greffiers paraissent avoir été à peu près ce qu'elles sont encore aujourd'hui. Le mémoire du chancelier de Lamoignon nous apprend en effet qu'on déposait, alors comme à présent, au greffe de commerce, les actes de société, les jugements de séparation de biens entre marchands et les bilans des faillis. En outre, c'était là encore, et non chez les notaires, que devaient être déposées les sentences arbitrales de commerce et les écritures des faillis.

Enfin, les greffiers des juges-consuls avaient le singulier privilège de pouvoir passer entre marchands des actes qui, transcrits sur un registre paraphé par un Conseil, emportaient hypothèque (arrêt du conseil d'État du 17 septembre 1663, rendu contre un notaire de Rouen) (1).

(1) Archives du Loiret, C. 97, *Mémoire* du chancelier de Lamoignon, § XVII.

Il était interdit aux commis-greffiers et, à plus forte raison, aux greffiers eux-mêmes, de postuler devant le tribunal. Le chancelier en donne la raison, c'est qu'il serait à craindre qu'un excès de zèle ne les amenât à porter atteinte à la fidélité dûe aux copies des jugements (1).

II. — *Des agréés ou procureurs-postulants.*

L'Édit de création des juges-consuls d'Orléans avait, à l'instar de celui de Paris, décidé que, « pour couper court « à toute longueur et ôter l'occasion, de fuir et plaider, « la justice des marchands serait rendue » *sans aucun ministère d'avocat ou procureur.* La même clause fut ensuite introduite dans tous les Édits portant institution de la juridiction commerciale dans toutes les autres villes. Comment fallait-il l'entendre ? Était-ce une interdiction absolue pour les marchands de se faire représenter par un mandataire devant les juges-consuls ? Il suffit, pour trouver la réponse à cette question, de se reporter à un autre passage du même édit où il était expliqué, qu'en cas d'absence ou de maladie, on pourrait se faire représenter par un parent, un voisin ou un ami. L'interdiction n'était donc que relative. Les avocats et procureurs pouvaient, en tant qu'amis et à titre officieux, assister les marchands et expliquer leurs affaires devant les juges-consuls. Mais leur ministère restait purement facultatif et leurs honoraires incombaient au plaideur qui avait recours à eux. Telle fut, en effet, la pratique journalière, et tous les auteurs nous révèlent que, dès les premiers temps, il y eut, devant les juges-consuls, des mandataires attitrés. Du reste, il n'en pouvait guère aller autrement. Tout procès, si simple qu'il soit au premier moment, se complique souvent de difficultés qui demandent une expérience particulière pour être résolues. D'ailleurs, les négociants voyagent beaucoup, leur temps est toujours précieux et mieux vaudrait souvent pour ceux dont les affaires sont nombreuses et étendues, abandonner un litige que de le suivre eux-mêmes.

(1) *Ibid.*

Il est certain qu'à Orléans les choses se passèrent ainsi et que, pendant nombre d'années, les procureurs et avocats furent autorisés, à titre d'amis, à se présenter à la barre pour assister les commerçants. Mais il y eut des abus. Certains procureurs manquèrent, dans leurs écritures, de respect aux juges-consuls. Plainte fut portée devant le Conseil d'État, qui, par un arrêt du 1er mai 1725, dont copie fut envoyée au Consulat, fit expresse défense aux procureurs de se servir d'aucuns termes injurieux contre les juges-consuls, quand ils se présentaient devant eux comme mandataires ou comme amis.

Il faut croire que les faits reprochés aux procureurs étaient d'une certaine gravité et que le ressentiment des juges-consuls avait été bien vif, car nous voyons qu'en cette même année, à la date du 24 novembre, nos magistrats prirent une délibération par laquelle ils déclaraient les procureurs exclus ainsi que leurs clercs « de plus à l'avenir et à commencer le lundi suivant, postuler et faire aucune procédure en cette juridiction ».

Mais chacun reconnaissait la nécessité d'avoir à la barre des mandataires spéciaux. C'est pourquoi, ce même jour et par le même procès-verbal, les juges-consuls nommèrent verbalement et appelèrent pour postuler autant que les parties le requerront,

Antoine Foubert
Jacques Gaveau
Charles Ratpoin
Jacques-Michel Pisseau

tous *quatre* praticiens et bourgeois d'Orléans qui prêteront serment en la juridiction.

C'est donc à l'année 1725 que remonte la fondation des quatre charges d'agréés près le Tribunal de commerce, telles qu'elles subsistent encore aujourd'hui.

En 1763, le chancelier de Lamoignon, dans son mémoire, constatait l'existence à Orléans de ces quatre études et ajoutait : « Au lieu que les parties sont intimidées, qu'elles « s'énoncent mal, qu'elles entendent peu leur cause et ne « sont pas en état de l'exposer, ou que, par un long verbiage

« qui ne fait rien à l'affaire elles consomment un temps pré-
« cieux, le postulant qui les a questionnées, qui, à force de
« soins, s'est mis au fait de l'affaire, l'expose en peu de
« mots, de sorte qu'on voit aisément quel est le point qui
« partage les parties et qu'on est en état de les juger. D'autres
« fois, un marchand que l'âge, la maladie ou les affaires em-
« pêchent de se rendre sur les lieux pour recouvrer ce qui
« lui est dû ou tirer d'un débiteur le montant d'une lettre
« de change, envoie ses titres à un postulant, à qui la lettre
« missive sert de procuration. Celui-ci fait assigner le débi-
« teur au nom du marchand, plaide la cause, prend sentence,
« fait payer et remet l'argent à celui qui l'a employé. On
« donne à ces postulants cinq sols par cause où il y a défaut
« et dix sols où il y à plaider. »

De leur côté, les juges royaux, toujours hostiles à la juridiction consulaire, se plaignaient de l'institution de ces mandataires, dans leurs observations sur le mémoire du chancelier.

« Il y a, disaient-ils, un usage qui peut dégénérer en abus
« et dont il y a eu quelques plaintes. Il y a des mandataires
« ou procureurs près les juges-consuls d'Orléans. Ces procu-
« reurs, avoués par eux, ne peuvent exclure personne, mais,
« en fait, ils excluent les parties. La simplicité et la gratuité
« en sont altérées. Ne conviendrait-il pas de supprimer cette
« nouveauté? »

A quoi les juges-consuls répondaient à leur tour : « Le mi-
« nistère de ceux qu'on appelle improprement procureurs aux
« consuls se réduit à charger quelqu'un de procuration. S'il
« y a eu des plaintes, c'est qu'il y a des juridictions consu-
« laires, telles que celle de Sedan, où le procureur général est
« président des consuls et où les procureurs en titre et les
« avocats sont admis. Mais il n'en est pas de même des pos-
« tulants, ou, si l'on veut, des procureurs avoués dans les au-
« tres consulats. Loin d'allonger les affaires, on pense qu'ils
« sont utiles et même nécessaires pour la prompte expédition
« des parties, dont la plupart, et notamment les gens de la
« campagne et les artisans, ne savent pas s'expliquer. D'un
« côté, la candeur, le peu d'intelligence et la timidité ; de l'autre

« côté, l'artifice, le mensonge, la hardiesse et la pétulance ; « de part et d'autre, le peu d'éducation et la grossièreté, tout « cela venait engendrer des querelles parmi des gens qui s'en- « tendent peu mutuellement, se perdent dans des digressions « d'où ils ne peuvent plus sortir pour reprendre le fil de leur « affaire, en sorte que le juge, occupé à leur imposer silence « ou à les ramener à leur objet, n'est souvent pas plus ins- « truit après une heure de débat qu'au commencement de la « cause... Si l'on joint à ces inconvénients l'embarras d'un « marchand, dans le cas où les parties sont contraires en fait, « s'il faut avoir recours à des témoins, les faire assigner e « réassigner, sommer la partie adverse de se présenter à « l'enquête, poursuivre l'exécution des jugements, s'il faut « dans une faillite discuter les créances, s'opposer aux re- « vendications..., tout cela entraînerait un temps précieux « que les lois ont voulu lui ménager... Ces considérations « ont donc engagé les juges-consuls à permettre aux parties « de se faire assister par quelqu'un qui pût faire valoir « leurs droits et diriger la procédure. Ce ne sont pas des « procureurs en titre, mais des postulants au fait du com- « merce et de la manière de plaider et de procéder, con- « formément aux arrêts et déclarations concernant la ju- « ridiction consulaire. Les juges-consuls en font le choix « dans leurs données de provisions et les destituent sur la « moindre apparence de malversations. *Il y en a quatre à « Orléans*. Le ministère du postulant, tel que nous l'admettons, « paraît donc être de nécessité indispensable et n'est pas con- « traire à l'esprit du législateur. Ils ne font qu'assister les « parties et ne les empêchent pas de comparaître en personne. « Celui qui est en demandant expose le fait et déduit som- « mairement les moyens. Celui qui est défendeur réplique. « En cas d'interrogatoire des parties, tout se passe avec la « plus grande régularité, parce que les postulants imposent « eux-mêmes silence à leurs parties, lorsqu'elles s'écartent, les « reprennent lorsqu'ils aperçoivent quelque chose de contraire « à la bonne foi, et tempèrent la chaleur de la dispute. Lors- « que la matière le comporte, ils se chargent de lever les « sentences, de les faire signifier et mettre à exécution. Ils

« plaident quelquefois en forme, dans les causes d'une cer-
« taine importance, pour les parties présentes qui veulent bien
« les en charger. Personne n'est forcé de s'en servir et leur
« salaire ne constitue pas trop les parties en frais... »

Nous avons jugé utile de reproduire cette partie du mémoire des juges-consuls parce que nous avons cru y retrouver une peinture exacte de ce qui se voit de nos jours au tribunal de commerce, et parce qu'il nous est agréable de constater avec quel soin les juges-consuls, victimes eux-mêmes de la rivalité des juges-royaux, savaient défendre leurs agréés et apprécier les services journaliers qu'ils en recevaient.

En somme, on le voit, l'expérience journalière avait fait reconnaître que rien n'était plus équitable que de laisser les parties choisir elles-mêmes leurs mandataires parmi des personnes recommandées par les juges, du moment que les frais de la procédure n'étaient pas augmentés et que les honoraires de ces mandataires restaient à la charge du mandant.

Aussi le célèbre jurisconsulte orléanais, Jousse, dans son commentaire de l'ordonnance de 1673, qui, après celle de 1667, avait renouvelé l'interdiction du ministère officiel des procureurs et avocats devant la juridiction consulaire, disait-
« il que, quoi qu'il n'y ait pas devant les tribunaux de procu-
« reurs en titre d'office, néanmoins il y a des personnes prépo-
« sées pour défendre et plaider les causes des particuliers qui
« ne peuvent ou ne veulent pas plaider par eux-mêmes. Ces
« personnes sont choisies par les juges-consuls et prêtent
« serment devant eux (1). »

De tous ces faits il résulte nettement qu'à peu près en tous temps il y a eu des mandataires admis à plaider devant les juges-consuls, et que l'institution des agréés, à Orléans, qui a survécu à la Révolution, remonte à l'année 1725.

III. — Procureurs-syndics.

S'il n'y avait pas de procureurs en titre d'office devant les juges-consuls, on y trouvait dans certaines villes, et particu-

(1) Jousse, *Commentaire de la loi de 1673*, titre XII, art. II.

lièrement dans celles du Midi, un procureur-syndic dont la mission la plus importante était de prendre la parole dans les affaires qui présentaient une question de droit. Jousse nous apprend qu'il devait être gradué et que les juges-consuls lui renvoyaient à étudier les affaires difficiles, sur lesquelles il devait leur adresser un rapport. Le mémoire du chancelier ajoute que cet officier avait encore à requérir l'enregistrement au consulat des Édits, Déclarations et Arrêts concernant le commerce, ainsi que des règlements professionnels que la compagnie jugeait à propos de faire. C'était lui qui demandait l'homologation des sentences arbitrales déposées au greffe. Enfin, le cas échéant, il lui incombait de requérir les amendes contre ceux qui avaient manqué de respect aux juges-consuls.

L'édit de création n'avait pas institué de procureur-syndic à Orléans, et l'ordonnance de 1673 défendait expressément d'ériger aucun nouvel office de ce genre dans les consulats, ainsi que le faisaient assez aigrement observer les juges-royaux dans leurs observations sur le mémoire de Lamoignon, en insinuant que les juges-consuls d'Orléans avaient contrevenu à cette défense ; mais un annotateur resté inconnu ajoutait en marge : « Il n'y a pas de procureur-syndic à « Orléans et il serait bon qu'il y en eût un dans tous les con- « sulats ». De leur coté, les juges-consuls, après avoir démontré la nécessité indispensable des agréés ajoutaient : « le plus « ancien a le titre de procureur-syndic, sans être tenu pour « cela d'être gradué. Il n'a aucune fonction distinctive, si ce « n'est lorsqu'il survient quelque désordre ou quelque abus « parmi les courtiers, auquel cas il instruit la compagnie et « prend des conclusions pour proposer un règlement. Il ne « reçoit pour cela aucune rétribution. »

Il n'y avait donc pas de procureur-syndic en titre à Orléans parce que l'édit ne le permettait pas, mais, conformément à un usage général constaté par le chancelier et au desideratum de l'annotateur du mémoire des juges-royaux, le plus ancien des agréés remplissait officieusement et de manière purement gratuite les fonctions de procureur-syndic. Il y avait là, on le voit, une sorte d'office de ministère public, et en effet, nombre de jurisconsultes qui voudraient qu'on établît un procureur de la République devant les tribunaux de commerce, citent le cas des procureurs-syndics d'autrefois à l'appui de leur thèse. Ce serait dépasser les limites de cette étude que d'aborder une question aussi délicate. Qu'il nous soit seulement permis de dire qu'à nos yeux les procureurs-syndics étaient surtout des auxiliaires des juges-consuls, tandis que l'officier représentant le ministère public ne tarderait guère, soit à dominer les juges de commerce, soit, ce qui est plus probable, à se mettre en contradiction avec eux, parce que les affaires commerciales demandent des connaissances particulières et veulent être jugées très souvent d'une manière toute différente des affaires civiles.

IV. — Huissiers audienciers.

Nous n'avons trouvé sur la charge des huissiers audienciers devant le Consulat d'Orléans que des renseignements incomplets et quelque peu contradictoires.

Il semble qu'à l'origine il ne dut pas y avoir à Orléans d'huissiers spécialement attachés au consulat. L'Édit est muet sur ce point.

Merlin rapporte que ce fut seulement en 1595 que le roi Henri IV, probablement pour obvier à des besoins de trésorerie, institua des huissiers audienciers en titre d'office devant les juges-consuls. Ils devaient être au nombre de deux. Pourtant le catalogue indique qu'en 1689 il n'y en avait plus qu'un, nommé Euverte Demeulles, fils d'Edouard Demeulles, notaire au Châtelet, qui fut nommé, après le décès de Germain Dubois, arrivé en 1688, seul huissier du consulat et prêta serment devant la juridiction en remplacement de Grollard.

Jousse enseigne qu'un édit de 1708, confirmé par une déclaration royale du 20 décembre 1712, avait de nouveau décrété qu'il y aurait deux huissiers audienciers par chaque consulat.

Le catalogue ajoute que, par une délibération en date du 11 février 1719, le rédacteur de ce manuscrit fut chargé de percevoir les gages de la charge de premier huissier audiencier dont le consulat était alors propriétaire, et que ces gages avaient produit en 1716, 1717, 1718 et 1719 soixante-seize livres quatre sous en billets de banque, montant au denier vingt-cinq à dix-huit livres dix sous par an, « lesquels ont été réduits au denier cinquante à commencer du 1er janvier 1720, qui faisaient neuf livres un sou et huit deniers par an ».

Combien de temps ce revenu resta-t-il attaché au consulat? le catalogue ne le mentionne pas, et dans le calcul des revenus de 1787, on n'en trouve plus de trace.

Les huissiers paraissent avoir fourni leur contingent de tribulations aux juges-consuls. Car il résulte de nombreux arrêts qu'il fallut obtenir contre eux maintes condamnations pour les obliger à instrumenter devant la juridiction et à ne pas se joindre aux juges-royaux et aux procureurs dans la lutte engagée et dont nous avons rapporté plus haut les nombreuses péripéties.

Ils prétendirent même postuler devant les juges-consuls au même titre que les agréés, et il fallut un arrêt de règlement du 14 janvier 1733 pour les en empêcher. Enfin le chancelier, dans son mémoire de 1763, rapporte que souvent les huissiers n'allaient pas porter les assignations au domicile des marchands, quand ils demeuraient au loin, ce qui ne les empêchait pas de compter les frais de leur voyage; et, pour remédier à cet abus, le chancelier proposait que leurs exploits fussent visés par le curé du pays ou par un marguillier ou enfin par le syndic. Enfin le chancelier constatait qu'en nombre de villes les huissiers, qui devaient assister à l'audience, « ne daignaient pas y paraître », qu'ils ne se faisaient pas recevoir par les juges-consuls et ne leur faisaient pas enregistrer leurs données de provision, c'est-à-dire leur dossier de nomination à leur charge.

Il n'est que juste d'ajouter que, dans leurs observations de la même époque, les juges-consuls d'Orléans ne relèvent aucun grief contre les huissiers audienciers, ce qui donne à penser qu'au milieu du XVIIIe siècle les choses étaient à ce point de vue complètement rentrées dans l'ordre.

XII

DERNIÈRE ÉLECTION DES JUGES-CONSULS

Ainsi que nous l'avons vu en rapportant la dernière assemblée du commerce, tenue en 1783, tous les yeux étaient tournés à cette époque vers ces grands États-Généraux dont la France attendait la réunion avec tant d'impatience et d'espoir. Déjà, une loi du 6 juin 1788, prévoyant de prochains changements, avait ordonné que les juges-consuls sortant de charge continueraient à exercer leurs fonctions jusqu'à ce qu'il en fût autrement ordonné (1). Dès le 17 août 1789, le député Bergasse déposait un rapport concluant à la réorganisation de la justice consulaire. Thouret en déposait un autre dans le même sens le 22 décembre suivant. Puis, le 24 mars 1790, l'Assemblée nationale décidait le principe de cette réorganisation. Un décret du 31 mars même mois parlait déjà de juges spéciaux pour le commerce; un nouveau décret du 27 mai 1790 décidait qu'il serait créé des tribunaux de commerce; enfin la loi des 16-24 août 1790, après une discussion très intéressante à laquelle prirent part Nairac, Leclerc, Garat aîné, Thouret et Desmeuniers, organisa définitivement les nouveaux tribunaux, qui devaient être créés dans les villes où l'administration départementale les réclamerait.

Aussitôt, comme ils l'avaient fait en 1563 pour l'établissement des juges-consuls, les négociants orléanais s'empressèrent de solliciter l'érection d'un tribunal de commerce en

(1) ISAMBERT, *Recueil des lois* XXV, p. 582.

notre ville, et firent adresser par l'autorité compétente une demande officielle à l'Assemblée nationale. Déférant à leurs vœux, celle-ci rendit, le 18 juin 1791, un décret portant qu'il serait érigé un tribunal de commerce d'Orléans et ce décret fut sanctionné par le roi, le 23 du même mois.

Dans l'intervalle, le roi, par des lettres-patentes en date du 30 juin 1790, avait ordonné que les élections des juges-consuls continueraient provisoirement à avoir lieu comme par le passé et aux dates habituelles. En effet, à la fin de juillet 1790, on y procéda suivant la forme d'usage.

Le dernier juge ainsi élu fut Miron de Saint-Germain, en même temps que Louis Colas de Brouville, consul ancien, qui fit fonction de Président presque toute l'année à raison du mauvais état de santé de M. Miron. Colas de Brouville était du reste un homme distingué. Il occupait à Orléans une situation importante. Nous le voyons signer comme secrétaire les procès-verbaux des assemblées des trois ordres réunis, le 16 mars 1789, dans l'église des Jacobins, et, le lendemain, dans la salle du Châtelet, nous le trouvons encore sur la liste de la noblesse en qualité d'écuyer.

A la fin de leur dernière année de charge, les juges-consuls, pour se conformer à la loi nouvelle, convoquèrent l'assemblée des « négociants, banquiers, manufacturiers et capitaines de navire », tous désignés comme électeurs par l'art. 7 de cette loi, et firent afficher et annoncer à son de trompe par un huissier audiencier les jours et heures de cette assemblée, qui se tint le 7 juin.

Dérogeant d'une manière aussi subite que radicale aux anciens édits en ce qui concernait l'élection des juges consulaires, la loi la transformait complètement. Jusque-là, comme on l'a vu, le suffrage était à trois degrés. Les juges-consuls choisissaient chaque année soixante notables qu'ils assemblaient. Ces soixante marchands choisissaient trente d'entre eux pour être les électeurs, et ces trente électeurs, par suite d'un usage qui était venu compléter l'édit de création, choisissaient le juge et les quatre consuls sur une liste dressée à l'avance par les magistrats en exercice. Ce système avait donné partout, et notamment à Orléans, de bons résultats. Le recrutement du tribunal s'était toujours fait chaque année sans difficulté et sans qu'on trouve trace d'aucune plainte, ni d'aucune mauvaise volonté, ni même d'abstention de la part des électeurs.

Désormais c'était le suffrage direct et quasi-universel des commerçants qui allait pourvoir aux élections. Car il suffisait d'être Français, d'exercer le commerce depuis un an, de payer trois livres d'impôts directs et d'être majeur, c'est-à-dire, suivant les lois de l'époque, d'être âgé de vingt-cinq ans. Ceux-là seuls étaient exclus du scrutin, qui étaient faillis ou insolvables ou qui n'avaient pas payé leur part virile des dettes de leur père dont ils retenaient les biens.

L'éligibilité était soumise à des conditions plus sérieuses. Pour être président, il fallait être établi à Orléans depuis dix ans et avoir trente-cinq ans. Les simples juges devaient être commerçants, patentés depuis cinq ans et avoir trente ans d'âge.

Cette réforme, que le commerce n'avait pas sollicitée, était tout au moins prématurée, comme tant d'autres qu'on essaya à cette époque fiévreuse, et on ne tarda pas à s'en apercevoir.

Quarante et un électeurs seulement se présentèrent, alors qu'il résulte du discours même du président de cette assemblée que le commerce orléanais occupait à cette époque une place considérable en France. Comment expliquer l'abstention de nos marchands d'Orléans lors d'une première élection si intéressante et qui leur donnait pour la première fois une prérogative en apparence si précieuse ? Le présent éclaire souvent le passé, et il nous est donné, depuis plus de trente ans que le suffrage universel est rétabli en cette matière, de constater, à chaque élection des juges de commerce, la même indifférence apparente, non pas pour l'institution toujours très populaire à Orléans, mais pour une fonction à laquelle nos commerçants se sentent peu d'aptitude.

Par les soins de Colas de Brouville, une instruction sur les élections avait été préalablement écrite. Elle fut lue publiquement à l'assemblée. Toutes les dispositions de la loi nouvelle y étaient rapportées et commentées.

Après cette lecture, Colas de Brouville prononça un discours, rapporté tout au long par le catalogue, et dont il convient d'extraire quelques passages caractéristiques à la fois des opinions du temps, des espérances que faisaient concevoir aux meilleurs esprits l'ordre de choses nouveau et du style quelque peu ampoulé dans lequel il était alors de bon ton d'exprimer ces opinions et ces espérances.

L'orateur commençait par constater que la juridiction consulaire avait fourni aux nouvelles institutions le modèle des tribunaux par « la simplicité de ses informations, la célérité, « la droiture et la bonne foi de ses sentences, qualités qui « avaient maintenu à la ville d'Orléans depuis 1564 l'éclat et « la renommée de cette juridiction, malgré l'aveugle jalousie « des justices royales, qui avaient cherché en tout temps à « lui ravir la compétence et le pouvoir qu'elle exerçait avec « tant d'intégrité et de désintéressement. Détournons nos « regards de ces temps d'oppression, ajoutait-il, et espérons « que le temps heureux de la liberté va détruire toutes les « rivalités ».

Puis, après avoir exprimé le regret que « le commerce et « l'industrie, pourtant si recommandables par les branches « qui leur sont propres et par l'étendue de leurs relations à « l'intérieur du royaume et à l'étranger, n'eussent pas eu de « représentants dans le bureau extraordinaire du commerce « et des manufactures », il terminait en émettant le vœu du « prochain rétablissement de l'ancien bureau des marchands « fréquentants, spécialement occupé du soin de rendre la « navigation de la Loire plus facile et plus sûre ». A l'entendre, tout allait mal déjà sur notre fleuve depuis la suppression de cette ancienne compagnie, « suppression obtenue par la faveur « des intendants et par l'intérêt de beaucoup d'employés des « ponts et chaussées, qui l'ont emporté, disait-il, sur les vives « réclamations du commerce d'Orléans. Depuis lors, les « naufrages sont de plus en plus fréquents, disait l'orateur, « et il faut souhaiter que, plus heureux dans l'avenir, le com« merce obtienne enfin le pouvoir de surveiller lui-même les « travaux du fleuve si important pour la fortune des mar« chands. »

Quel serait le chagrin de nos commerçants d'autrefois s'il leur était donné de constater l'état actuel de la Loire sur tout son parcours ! Il est vrai qu'on n'y voit plus de naufrages, mais parce qu'il n'y a plus aucun trafic. Puisse la nouvelle génération profiter de la plainte universelle qui retentit sur les bords de notre fleuve pour le relever de son abandon ! L'élan est aujourd'hui donné de toutes parts et il ne tient qu'à nos commerçants actuels de tenter un dernier et énergique effort pour obtenir d'abord que le canal soit prolongé de Combleux à Orléans et ensuite pour que le chenal de la Loire soit, suivant le désir de toutes les populations riveraines, mis en état de navigation jusqu'à Nantes et à la mer.

Après ce discours, les juges-consuls descendirent de leur siège, et il fut procédé aux opérations assez compliquées de l'élection du président et des juges du tribunal de commerce nouvellement créé.

L'électeur le plus âgé, Brunet-Thibert, assisté de Chrétien, secrétaire, et de trois scrutateurs pris aussi parmi les plus anciens et qui furent : Demadière, Fleury-Hubert et Plisson, firent procéder d'abord à l'élection du bureau définitif qui se composa de Hubert-Husson, président ; Chrétien, secrétaire ; avec Breton-Roger, Louvel et Marcueyz le jeune, scrutateurs. Ceux-ci prêtèrent le serment, répété ensuite par chacun des électeurs, et dont la formule était la suivante :

« Je jure de maintenir de tout mon pouvoir la constitution du royaume, d'être fidèle à la nation, à la loi et au roi, de choisir en mon âme et conscience le plus digne, et de remplir avec zèle et courage les fonctions civiles et politiques qui me seront confiées. »

Puis, la journée tirant à sa fin, on s'ajourna, pour en terminer, au lendemain, 8 heures du matin, et le résultat de cette élection fut alors le suivant :

Furent élus pour deux ans : Président : Louvel ; Juges : Demadières-Curé, Marcueyz le jeune.

Et pour un an : Chrétien et Benoît-Pineau.

Comme on le voit, le nombre des juges de commerce était encore comme autrefois de cinq, dont un président.

Enfin la loi n'ayant pas encore précisé le nombre des

suppléants, ni la durée de leurs fonctions, l'assemblée élut provisoirement à ce titre et sauf modifications ultérieures : Breton-Roger, Delahaye-Bachevillier, Petit-Billard et Privé-Hachin.

Après quoi l'assemblée fut déclarée dissoute.

A la fin de l'année de charge des anciens juges-consuls, c'est-à-dire le 31 juillet 1791, leur institution disparut, cédant désormais la place au nouveau tribunal de commerce organisé par la loi du 16 août 1790.

Le consulat avait ainsi duré deux cent vingt-sept ans, de 1564 à 1791, et il y a lieu de constater en terminant qu'au milieu de ses luttes incessantes avec le bailliage d'Orléans et avec tous les juges royaux des environs, il avait su mériter les éloges unanimes qui lui furent souvent décernés par les rois, par les chanceliers, et même par le Parlement, à raison de son intégrité. En même temps, par son dévouement de tous les jours et par son application à rendre une justice impartiale autant que rapide et peu coûteuse, il avait conquis les suffrages des autorités orléanaises et l'affection inaltérable de ses justiciables qui, en toutes circonstances et notamment dans les assemblées du commerce, lui prêtèrent constamment leur appui.

DEUXIÈME PARTIE

LE TRIBUNAL DE COMMERCE DEPUIS LA RÉVOLUTION JUSQU'A L'APPLICATION DU CODE DE COMMERCE (1790-1810)

PÉRIODE RÉVOLUTIONNAIRE

Un décret de l'Assemblée constituante, en date du 27 mai 1790, avait ordonné la reconstitution de l'ordre judiciaire tout entier. Un autre décret, en date du 27 mai suivant, avait décidé la conservation des tribunaux consulaires. La loi des 15-24 août 1790 leur donna la dénomination définitive de Tribunaux de commerce. Ils devaient, sur la demande des intéressés, être érigés dans les villes les plus commerçantes où l'administration du département jugerait leur établissement nécessaire. Les nouveaux juges devaient être élus au suffrage direct des négociants, banquiers, manufacturiers, etc., de chaque ville. La première élection devait avoir lieu à la diligence des juges-consuls en exercice. Chaque tribunal devait se composer d'un président ayant au moins trente-cinq ans d'âge, et établi depuis dix ans dans la localité, ainsi que de quatre juges âgés de trente ans, commerçants depuis cinq ans dans la ville où ils devaient siéger. Trois juges au moins devaient prendre part aux jugements. Ils devaient être élus pour deux ans. Le président et les deux premiers juges devaient garder effectivement leur siège pendant ce laps de temps. Mais les deux juges qui obtiendraient le moins de voix à la première élection devaient sortir au bout d'un an. Une élection devait donc avoir lieu chaque année dans ces conditions. La compétence des nouveaux tribunaux s'étendait à toutes les affaires commerciales du district, et le taux du dernier ressort était fixé à mille livres, comme pour les juges civils. La loi était muette sur les juges-suppléants.

Les négociants orléanais s'empressèrent de faire auprès de l'administration du district les démarches utiles pour obtenir l'érection d'un tribunal de commerce en notre ville, et leur vœu fut immédiatement exaucé.

Dès le 1er août 1791, sous la direction des derniers juges-consuls en exercice, eut lieu la première élection. Quarante et un électeurs seulement se présentèrent et nommèrent, ainsi qu'il a été dit plus haut, *Louvel* président; *Demadières-Curé*, *Marcueyz jeune*, *Chrétien* et *Benoist-Pineau*, juges.

Suivant l'ancien usage, les juges-consuls laissèrent en outre élire quatre juges suppléants, qui furent: *Breton-Roger*, *Delahaye-Bachevilliers*, *Petit-Billard* et *Privé-Hachin*.

Un décret des 10-16 juillet 1792, ratifiant cet usage, décida que, comme autrefois devant les juges-consuls, il y aurait quatre suppléants devant les nouveaux tribunaux de commerce.

Le tribunal n'ouvrit son livre des délibérations que le 25 septembre 1793, sans y mentionner l'élection dont nous venons de parler. C'est l'ancien catalogue qui nous en a fourni la liste. On ne trouve nulle part, pas même dans les annuaires du temps, la trace de l'élection qui dut avoir lieu en 1792, pour remplacer les deux juges en titre et les deux suppléants dont les fonctions ne devaient, aux termes du décret sus-rappelé, durer qu'une seule année, afin de permettre le roulement annuel du tribunal.

En 1793, il n'y eut pas d'élection proprement dite. C'est la période révolutionnaire pendant laquelle le cours régulier des choses se trouve interrompu. On trouve seulement relatée dans l'ouvrage de Lottin (1), d'une manière très brève, et au nouveau registre du tribunal avec plus de détails, la cérémonie de l'installation du Président et des juges qui exercèrent leur charge cette année-là. Voici, d'après ces documents, comment les choses se passèrent.

Le 21 septembre, an II de la République, les trois corps administratifs d'Orléans, es-personnes des citoyens Dennery et Dulac, administrateurs du département, Crété et Caillard, administrateurs du district, Trousseau-Laurent, Blin, et autres notables de la commune, se sont rendus avec la force armée, accompagnés de la musique, dans la salle ordinaire des séances du tribunal de commerce de la ville, à l'effet de *procéder à l'installation des citoyens Laillet, président*; *André Chapiotin fils aîné, Jean-Baptiste Gaudry, Jean-Pierre Bigot-Compérat, Michel-Louis-Fabien Plisson-Thiercelin, juges, et de Antoine-Joseph Royer aîné, greffier*, élevés aux places susdites en séance publique, le dimanche 22 septembre, en l'ancienne église de Saint-Paterne, par le citoyen *Laplanche*, représentant du peuple, envoyé en mission dans les départements du Loiret et de la Nièvre, en vertu des pouvoirs illimités à lui délégués par la Convention nationale.

Le citoyen Guignaux, l'un des officiers municipaux, qui tenait le fauteuil, déclara que « les trois corps administratifs voyaient avec la plus vive satisfaction installer les nouveaux juges, d'après *le choix* glorieux fait publiquement *par* le montagnard Laplanche, qui avait été avec enthousiasme appuyé et sanctionné par la souveraineté du peuple de la cité. »

De toutes ces expressions textuellement citées, il résulte à l'évidence que cette nomination du tribunal avait été faite révolutionnairement et en dehors des règles établies par la loi. C'est dans une assemblée populaire et non dans une réunion de négociants qu'elle est faite ; aucune liste n'est dressée, ni présentée ; il n'est pas procédé à une élection au scrutin secret comme le veut la loi ; enfin, c'est le commissaire de la convention qui fait les choix, ratifiés par une acclamation de la foule.

Le discours du citoyen Guignaux se termina par le conseil

(1) LOTTIN, *Recherches historiques sur la ville d'Orléans.*

obligé qu'il donnait aux juges ainsi installés de « rendre la justice avec le sang-froid de vrais républicains ».

Le représentant du peuple reçut ensuite le serment dont la formule était alors la suivante :

« Au nom de la Liberté, de l'Egalité, de l'Unité et de « l'Indivisibilité de la République, je jure de remplir les fonc- « tions auxquelles j'ai été appelé, *et de mourir à mon poste.* »

Le Président remercia Laplanche et les autorités, « promettant de vivre en bon patriote et vrai républicain ».

Le premier juge, Chapiotin, à son tour, promit « de se rendre utile, selon le vrai devoir d'un républicain ».

Le greffier, les agréés (c'est la première fois, semble-t-il, que ce nom leur est donné à Orléans), prêtèrent ensuite le même serment, ainsi que les huissiers.

Enfin, Chapiotin demanda, pour orner la salle du tribunal, diverses tapisseries provenant des paroisses supprimées, et le président de la commune répondit qu'il en serait référé au Conseil général.

Cette assemblée se tenait encore dans l'ancienne salle d'audience des juges-consuls, c'est-à-dire à l'ancien hôtel de ville de la rue Sainte-Catherine, malgré le congé donné par la municipalité pour le 24 juin 1791. Mais, peu après, le 19 brumaire, le procureur-syndic de la commune écrivit au président du tribunal de commerce que, vu l'augmentation du nombre des employés et des bureaux, le local était devenu insuffisant, et que le tribunal devrait au plus tôt se transporter au Châtelet, dans les salles précédemment occupées par le tribunal criminel. Cela ne serait que provisoire, disait la lettre du procureur-syndic, et d'ici deux ou trois décades, le département mettrait à la disposition des juges de commerce *la maison ci-devant Ursuline*, c'est-à-dire l'endroit même où nous les voyons installés aujourd'hui. Mais les deux ou trois décades de jours se transformèrent en décades d'années, et ce fut seulement le 4 novembre 1824 que le tribunal de commerce fut transporté, en même temps que la Cour et le Tribunal civil, dans le Palais de Justice, bâti sur l'emplacement de l'ancien couvent des Ursulines, rue de la Bretonnerie.

Dès le 28 brumaire, un arrêté ordonna le transfert au Châtelet du siège du Tribunal de commerce.

En vain les juges se plaignirent-ils du mauvais état de la nouvelle salle d'audience qui leur était offerte. Il fallut obéir.

Toutefois, sur leurs doléances réitérées, la municipalité leur donna une apparente satisfaction en leur permettant, le 4 frimaire, de se transporter à la ci-devant bibliothèque de Sainte-Croix. Après avoir formulé une plainte sur ce que les nouvelles salles qui lui étaient indiquées n'étaient nullement appropriées à son service, le tribunal dut encore procéder à cette nouvelle installation. Mais il ne tarda guère à constater l'état déplorable des locaux ainsi concédés, et il résulte d'une lettre adressée par le président au district, que « le bâtiment n'avait aucune solidité, que les murs se séparaient du pignon, et que, malgré un gros poêle consommant une grande quantité de bois, la salle d'audience n'était pas tenable. Elle est ouverte à tous les vents, écrivait le président, et, pendant les huit heures consécutives que durent souvent les audiences, les juges s'enrhument et gagnent des rhumatismes. Le bien public demande à la vérité tout le temps des fonctionnaires, mais n'exige pas le sacrifice de leur santé. On ne doit pas exposer les juges et les plaideurs à prendre des maladies dont les suites les conduiraient au tombeau. Il n'y a pas de milieu, concluait énergiquement l'écrivain, ou il faut suspendre le cours de la justice, ou autoriser le tribunal à chercher un autre local. »

Satisfaction fut sans doute donnée à cette requête ; car, peu après, le tribunal annonçait au public qu'après avoir abandonné pour le Châtelet la Maison de Ville où la justice consulaire avait été rendue « *depuis un temps immémorial* », il était définitivement transféré à l'ancienne Bibliothèque de la Cathédrale, cloître Sainte-Croix, section Jean-Jacques Rousseau, où il tiendrait désormais ses audiences les quatrième et neuvième jours de chaque décade, soit les 4, 9, 14, 24 et 29 de chaque mois, sauf à avancer d'un jour quand ces dates arriveraient un décadi.

Quelque temps après, à cause sans doute de l'insécurité

des chemins pendant la nuit dans ces temps troublés, le tribunal décida que les audiences, au lieu d'être tenues l'après-midi, seraient ouvertes le matin à neuf heures, « pour « permettre aux justiciables qui demeuraient loin de retourner « chez eux le même jour ». Le tribunal donnait du reste une autre raison typique de ce changement d'heure de ses audiences. C'était, disait-il, afin « d'épargner la bougie et la chandelle, difficiles à se procurer dans le moment actuel ».

Mal logés, mal chauffés et mal éclairés, les juges de commerce paraissent n'avoir guère été plus heureux à cette époque sous bien d'autres rapports. On trouve en effet, dans le registre tenu par le tribunal, une fort humble supplique qu'ils se voyaient obligés d'adresser au même moment au représentant du peuple Bréval, alors en mission dans le Loiret.

« Pleins de soumission pour les lois, écrivent-ils, et voulant toujours marcher à pas ferme dans le sentier de la « Révolution, ils supplient qu'il leur soit permis de s'accorder les uns aux autres des congés pour leurs petits « voyages. » A quoi Bréval leur répondit en leur octroyant cette autorisation.

Encore à cette même époque, le tribunal reçut l'ordre de rechercher dans les papiers de la juridiction « toutes les pièces relatives à la féodalité ». Plusieurs séances furent consacrées à ce travail ; et, pour échapper à tout soupçon, les juges prirent soin de se faire assister par des commissaires qu'ils allèrent demander au district et qui restèrent présents « à la combustion et à l'anéantissement *de « tous les titres et papiers* rappelant les signes de la féodalité ».

Que de pièces utiles ont dû être détruites sous une désignation aussi vague, sans même qu'on en puisse retrouver trace, car il ne semble pas qu'aucun état descriptif ou analytique en ait été dressé !

Nombreux sont, du reste, les symptômes de l'état d'esprit des fonctionnaires de ce temps. A ce point de vue, l'incident assez vulgaire en lui-même du renvoi d'un modeste concierge est assez suggestif.

C'est à ce titre qu'il est rapporté ici, et en même temps, comme une preuve nouvelle, s'il en était besoin, qu'en temps de révolution ce ne sont pas seulement les nobles et les riches qui sont atteints directement, mais aussi les gens les plus simples et les plus pauvres.

Le concierge ou garde barreau, Nicodeau, qui était au service des juges-consuls depuis longtemps et qui n'avait pas démérité du tribunal puisque celui-ci venait, à la date du 25 septembre 1793, de doubler son salaire, fut tout à coup dénoncé au tribunal, par une lettre du citoyen Dallaine, président du district, en date du 13 pluviôse 1793. C'était, disait la lettre, un mauvais citoyen. « Il avait poussé la scélératesse jusqu'à répandre des larmes en apprenant que la tête du tyran était tombée. »

Il fallait donc, « au nom du bien public, le chasser sur-le-
« champ et le remplacer par le patriote Dulieu, tapissier,
« brave sans-culotte, chargé de famille. La Convention natio-
« nale veut, ajoutait Dallaines, que ses patriotes *soit placé*
« (*sic*) et les hommes qui *n'aime pas* la révolution, *chassé*.
« C'est pourquoi Nicodeau, connu pour ses propos inciviques,
« ne doit pas rester à sa place » (1).

En recevant cette dénonciation, le tribunal paraît avoir été fort embarrassé. « Les faits reprochés au concierge sont inconnus des juges, » dit le procès-verbal. Mais la lettre était impérative. Le tribunal, pour se tirer d'affaire, imagina de recourir à une enquête par l'intermédiaire de Royer, son greffier, qu'il chargea d'interroger le malheureux Nicodeau. Royer se tira fort habilement de cette mission, et revint peu après en la chambre du conseil, porteur de la démission du concierge, qui déclarait par écrit ne plus pouvoir remplir ses fonctions « à raison des ouvrages multiples qu'il avait à faire ».

Aussitôt le Tribunal prit une délibération écrite et qui fut revêtue de la signature de tous ses membres. Puis il alla porter la démission de Nicodeau non pas seulement au district,

(1) Par une évidente malice, le copiste de cette lettre rapporte les fautes d'orthographe grossières qu'on vient de lire.

mais encore, par surcroît de précaution, au siège de « la Société Populaire ». Celle-ci, huit jours après, délégua tout exprès au tribunal deux commissaires chargés de lui déclarer qu' « elle avait jeté les yeux sur le citoyen Dulieu, un de « ses frères, bon patriote chargé de famille et dans la dé-« tresse ».

Et les juges, à l'unanimité, de nommer aussitôt Dulieu en remplacement de Nicodeau. Vainement celui-ci essaya-t-il de se pourvoir contre sa destitution devant le représentant Bréval. Le Tribunal, consulté par ce dernier, n'osa prendre parti. « Il n'avait pas à se plaindre de Dulieu, et il ne croyait « pas devoir donner son avis pour la réintégration de l'un au « profit de l'autre. » Telle fut sa timide réponse.

De même, lorsqu'en 1794 il s'agit de procéder à une élection de nouveaux juges, le Tribunal, n'osant prendre sur lui d'exécuter la loi, en référa à la Convention, qui envoya le représentant Porcher, pour procéder à une nouvelle épuration.

Porcher désigna les nouveaux magistrats, sans même recourir, comme l'avait fait Laplanche, à un simulacre d'assemblée des électeurs ou du peuple, et il se borna à commettre Gaudry, le plus âgé des juges en exercice, pour recevoir le serment dont la formule était alors : « Je jure de « maintenir la République une et indivisible, et de remplir « mes fonctions en mon âme et conscience. »

Lottin a reproduit le procès-verbal de l'installation des nouveaux juges désignés par le citoyen Porcher. Elle eut lieu le 4 mars 1794, en séance publique et en présence des autorités. Le Tribunal n'en a pas transcrit le procès-verbal sur son registre. Sa lecture est édifiante. Voici en effet le langage tenu par le commissaire de la Convention :

« *Demadière-Curé*, président. Ses connaissances commer-« ciales m'ont déterminé à le désigner pour remplacer *Laillet*, « qui m'a demandé lui-même son successeur, et que j'ai « placé, comme vous l'avez vu, parmi les notables de la « commune.

« *Gaudry-Hanapier*. Je l'ai conservé : sa probité m'en a « fait une loi.

« *Jean Bigot-Compérat*. Ce négociant ayant obtenu les « suffrages de vos commissaires et aucun renseignement « qui pût faire suspecter sa loyauté ne m'étant parvenu, je « l'ai conservé.

« *Hémèré-Mayret*. En enlevant au Conseil général de la « commune ce citoyen, j'ai cru devoir l'appeler au Tribunal « de commerce, où il m'a paru propre. Il remplacera le ci- « toyen Plisson-Thiercelin, qui pouvait et qui devait répondre « à l'honneur que lui avait fait la commission en l'appelant « à garantir les deux millions par elle offerts pour l'approvi- « sionnement de cette commune et le soulagement des mal- « heureux.

« *Lasneau aîné*. Il remplacera le citoyen Lejeune sur le « compte duquel je n'ai reçu aucune note désagréable. Vos « commissaires ont pensé que les connaissances du citoyen « Lasneau seraient utiles à ce tribunal, infiniment impor- « tant dans une ville commerçante. Je l'y ai appelé.

« *Pelletier-Roux*, Pierre - Étienne *Imbault*, suppléants « *Marcueyz aîné*. Il remplacera le citoyen Boucher, adminis- « trateur de l'hospice de l'Humanité.

« Jean-Baptiste *Royer* aîné, greffier. Ce jeune homme, ap- « pliqué à ses devoirs et bon citoyen, restera à son poste. »

Comme on le voit par ces termes impératifs, c'était bien le représentant du peuple qui avait choisi tous les membres du Tribunal. Quelques expressions, telles que : « les suffrages « de vos commissaires », et, « vos commissaires ont « pensé... », tendent cependant à faire croire qu'il y avait eu une désignation faite par certaines personnes. Mais, on le voit par le contexte, le commissaire de la convention avait bien entendu rester seul maître de tenir ou non compte de cette simple indication, et de nommer lui-même qui bon lui semblait. Il révoquait un juge pour cause d'incivisme Il en remplaçait d'autres dont les fonctions devaient encore durer un an d'après la loi. Enfin il ne nommait que trois suppléants au lieu de quatre. C'étaient là, en tout cas, des procédés révolutionnaires et contraires à la loi de 1790, qui n'avait pourtant pas cessé alors d'être en vigueur.

Peu après, les choses s'améliorèrent un peu, mais pour un

temps seulement. Le concierge Nicodeau parvint à se disculper, et l'agent national du district, dans une lettre adressée au Tribunal, le 4 floréal an III, reconnut que ce malheureux avait subi des persécutions « dans l'affaire de Léonard Bourdon ». Par suite, Dulieu dut évacuer la place dans le plus bref délai, et le Tribunal donna, le 9 messidor, à titre de compensation au pauvre Nicodeau le titre d'huissier audiencier, tout en lui conservant son poste de garde-barreau, afin, dit le procès-verbal, de faciliter ce brave serviteur, dûment pourvu d'un brevet de civisme, dans le moment où nous sommes.

En même temps on essayait de revenir à des élections régulières. Mais on ne trouvait plus d'électeurs. Vingt et un commerçants seulement purent être réunis le 13 frimaire an IV. Ils élirent :

Président : Delahaye.

Juges : Bignon, aîné, Huquier-Germon, Hubert-Crignon et De Thou, père.

Suppléants : Benoist-Pineau, Piédor-Dumuys, Delahaye-Mareau et Boulard aîné.

Suivant la Constitution de l'an III, qui venait d'être promulguée, les juges devaient désormais avoir trente ans d'âge, et leurs sentences étaient en dernier ressort jusqu'à la valeur de cent deux quintaux vingt-deux livres de froment, ou cinq cents myriagrammes, c'est-à-dire environ mille francs, le blé valant alors, si nous sommes bien informés, environ vingt francs les cent kilogrammes.

Pourquoi le législateur a-t-il adopté ce mode de calcul basé sur le poids et la valeur d'une denrée, au lieu d'avoir pris pour base l'unité de monnaie ? On serait tenté de croire que la valeur exceptionnelle de l'or et l'argent à cette époque en était la cause, ainsi que l'énorme avilissement des assignats. Pourtant la même Constitution, dans un autre article, fixait le taux de la compétence des juges civils à la somme de mille francs. Nous n'avons trouvé nulle part l'explication de cette particularité qui ne laisse pas que d'être assez curieuse.

Le Tribunal s'était, on vient de le voir, entièrement renouvelé, et pas un des juges nommés précédemment par les commissaires de la Convention n'avait été réélu par les commerçants. Le Tribunal put alors reprendre comme greffier en chef François-Edouard Mallard, qui avait tenu très longtemps cette charge sous les juges-consuls et qui avait été écarté pendant les premières années de la Révolution. Royer aîné, qui lui avait succédé, consentit à descendre de son siège et à n'être plus que greffier-adjoint.

Nouvelle élection régulière en 1796. Les deux juges sortants après un an de fonctions, suivant la loi, furent remplacés par Malmusse et Poupaille.

De même, en 1797. Mais l'élection fut difficile. Le matin du jour fixé, 15 germinal, aucun électeur ne se présenta pour voter. Le soir, il en vint quinze qui nommèrent : *Président*, Poupaille ; *juges* : Breton-Roger, Benoist-Hanapier, Pillé-Grenet et Marcueyz jeune ; *suppléants* : Hureau-Bachevilliers, Mareau jeune, Grossier et Aignan Marcueyz. Mais, sur le refus de Marcueyz jeune, il fallut procéder de nouveau, le 23 germinal. Huit votants seuls se présentèrent, et le remplacèrent par Joseph Mérat.

Les nouveaux élus prêtèrent, le 2 floréal, le serment alors en usage : « Haine à la royauté et à l'anarchie, fidélité et attachement à la République et à la Constitution de l'an III. »

A partir de 1798, la situation redevint mauvaise. Le 9 frimaire, an III, il fut impossible d'ouvrir l'audience, parce que, seuls, le président Poupaille et le juge Breton-Roger se présentèrent. Ils attendirent vainement le troisième juge nécessaire jusqu'à six heures du soir et durent se borner à dresser un procès-verbal mélancolique dans lequel, après avoir constaté le fait, ils ajoutaient que six membres du Tribunal étaient à ce moment absents d'Orléans, que le septième était retenu chez lui par des affaires absolument urgentes, et qu'à raison de la crise aussi malheureuse que généralement connue dans laquelle se trouvait le commerce, on ne pouvait « imputer à négligence l'interruption du cours de la justice, « mais à la nature des circonstances ».

Lors de l'élection du 17 germinal suivant, trois électeurs seulement se présentèrent et ce furent trois juges en exercice : Benoist-Hanapier, Pilté-Grenet et Aignan. Le soir, on parvint à se réunir au nombre de quatorze. Mais ce sont les candidats maintenant qui se dérobent. Poupaille et Breton-Roger, qui ont sans doute gardé un mauvais souvenir de leur audience manquée, déclarent donner leur démission et décliner toute candidature. Aignan, élu président par onze voix, refuse la charge. Hubert-Crignon, nommé à sa place, refuse à son tour. Pompon et Chenu, élus en leur absence, font savoir qu'ils ne peuvent accepter. Benoist-Hanapier, élu président en remplacement de Hubert-Crignon, décline l'honneur. Marcueyz jeune en fait autant. On s'ajourne au 22 germinal : sept votants seulement comparaissent, qui nomment enfin : Benoist-Hanapier, *président*, Marcueyz jeune, Mareau jeune, Hureau-Bacheviliiers et Pilté-Grenet, *juges* ; Rousseau-Rouillé, Pilté-Desjardins, Gaudry et Robillard fils, *suppléants*. Les nouveaux élus prêtent serment le lendemain et le réitèrent le 9 frimaire. Cette fois la formule est encore changée : Ils jurent d'être fidèles à la République une et indivisible, fondée sur la liberté, l'égalité et le système représentatif.

Peu après, le 26 frimaire, deux registres sont déposés au tribunal : sur l'un, chaque juge doit déclarer s'il accepte la constitution ; sur l'autre, s'il la rejette. Trois jours après, les deux registres sont clos. Sept juges ont adhéré à la Constitution. Aucun ne l'a rejetée. Le président absent n'a pas fait connaître son opinion.

Cependant les affaires ne s'améliorent pas. On ne peut ouvrir les audiences fixées au 9 prairial, an VI, au 3 thermidor, an VII, aux 3 et 19 frimaire, an VIII, parce que deux juges seuls sont présents ces jours-là. — Le 23 germinal, ce sont les plaideurs qui font grève, de même le 23 messidor. En l'an IX, six audiences blanches pour la même cause ; douze en l'an X, neuf en l'an XI, cinq en l'an XII et quarante en l'an XIII. Or le Tribunal devait alors tenir trois audiences par décade, soit neuf audiences par mois. On voit qu'en l'an XIII la proportion des audiences non tenues fut d'environ quarante pour cent.

Or, au Tribunal de commerce plus encore que devant les autres Tribunaux, il n'y a pas seulement des procès à juger. Il y a de nombreuses affaires de forme, il y a beaucoup de jugements de condamnation, rendus à la demande des créanciers. Il y a nombre de débiteurs qui sollicitent des délais de grâce. Il y avait à cette époque comme aujourd'hui des agréés portant la parole et chargés de représenter les créanciers ou les débiteurs. Si donc les audiences n'étaient pas tenues, ce n'était pas seulement faute de plaideurs, mais encore parce que nul ne se présentait pour requérir des jugements. Ce serait là au besoin la preuve de l'absolue stagnation des affaires commerciales et industrielles à cette époque, et d'un état général si mauvais et si incertain que les créanciers en étaient réduits à ne plus oser poursuivre leurs débiteurs.

Les élections avaient lieu cependant comme à l'ordinaire : Le 17 germinal, an VII, trente sept électeurs nommèrent : Lochon-Houdouard, *président* ; Laisné Sainte-Marie-Villevesque et Huquier aîné, *juges* ; Robillard fils, Benoist-Mérat et Raimbault-Hubert, *suppléants*.

Ils furent institués par décret du premier Consul en date du 29 prairial an IX, ainsi rapporté au registre :

« Liberté-Égalité. Au nom du peuple français, Bonaparte,
« premier Consul de la République, ordonne que les Prési-
« dents et Juges en exercice se rendront de suite à leur
« poste pour y exercer leurs fonctions conformément à la
« loi. »

En exécution de ce décret, les juges furent installés le 9 messidor.

A cette même époque, la Bourse du Commerce fut réorganisée dans une assemblée de négociants présidée par le Tribunal.

Elle fut installée dans l'ancienne chapelle des Minimes, rue d'Illiers, que lui louait, à raison de 800 francs par an, le citoyen Charpentier, acquéreur de ce domaine national

Dans une autre assemblée du commerce, tenue le 22 pluviôse, an X, à la diligence et sous la direction du Tribunal, une autre question assez intéressante fut traitée.

La monnaie d'or, déjà fort rare sous la royauté, avait alors presque complètement disparu. L'argent blanc, comme on disait autrefois, faisait une grosse prime et au contraire les assignats avaient perdu presque toute valeur. Malgré la loi, personne n'en voulait recevoir et on en était réduit à la monnaie de billon, dite monnaie grise. Or, le billon est encombrant, difficile à transporter à cause de son poids et demande beaucoup de temps pour être compté. Pour remédier à ces inconvénients, on avait imaginé à Orléans des bons de sous émis par certains négociants, détenteurs de cette monnaie. Ces bons au porteur circulaient de main en main, et rendirent d'abord quelques services. Les boulangers, particulièrement, s'en servaient beaucoup. Ils remettaient ces bons aux meuniers en paiement de la farine qu'ils leur achetaient, et ceux-ci les passaient aux cultivateurs qui leur vendaient les grains de leur récolte. Enfin ces derniers se présentaient chez les émetteurs de bons pour recevoir leur paiement en sous. Mais bientôt ce système présenta de graves inconvénients. Ces bons au porteur (et par conséquent non susceptibles d'endos), présentaient souvent des irrégularités. La somme n'y était pas toujours clairement exprimée. Ou bien il y avait des ratures, des altérations de chiffres. A tort ou à raison, certains émetteurs déniaient leur signature. Impossible de recourir contre les cédants surtout quand les bons avaient passé successivement entre plusieurs mains.

D'un autre côté, les propriétaires des fermes et les fournisseurs des cultivateurs ne voulaient point de ces bons et refusaient d'être payés en sous, ce qui était leur droit. Plusieurs lois, en effet, édictées sous l'ancien régime, en 1738, 1771 et 1774, ainsi que deux arrêtés du Directoire, rendus en l'an IV et en l'an VI, défendaient le paiement en sacs de sous, et décidaient que la monnaie de billon ne devait servir que pour l'appoint. Les cultivateurs, en se présentant chez les émetteurs de bons de sous, demandaient donc de la monnaie d'argent, qui ne leur était remise que sous déduction d'un escompte ruineux. Il en résulta que les cultivateurs abandonnèrent en masse les marchés d'Orléans, et allèrent porter leurs denrées à Chartres, où les bons de sous n'étaient pas en usage.

C'est en présence de cette situation, que le tribunal réunit le commerce orléanais. Il exposa aux négociants les graves conséquences qu'aurait pour la place la continuation de l'émission des bons de sous, et leur démontra que ce mode de paiement ne pouvait être légalement opposé aux créanciers. Nos commerçants se rendirent immédiatement à ces raisons, et il fut décidé, séance tenante, d'une part, qu'il ne serait plus émis de nouveaux bons ; d'autre part, que les bons en circulation disparaîtraient dans la quinzaine ; enfin que, pour obvier dans l'avenir à toute difficulté du même genre, les lettres de change exprimeraient désormais la monnaie en laquelle elles seraient payables, sans qu'on pût stipuler que le paiement en sous fût supérieur à dix pour cent.

Le registre du tribunal constate ensuite une dernière élection faite le 15 thermidor, an XI, savoir : Lochon-Houdouart, *président* ; Crignon-d'Ouzouer, Raimbault-Hubert, Robillard fils et Benoist-Mérat, *juges* ; Grangé-Crignon et Dumuys-Ravot, *suppléants*.

Ici s'arrête le catalogue tenu pendant la révolution. Des notes sur feuilles volantes indiquent que ces juges prêtèrent serment devant la cour, en l'an XII, et qu'une élection partielle dont les résultats ne sont pas clairement énoncés eut lieu au cours de cette même année. Pour compléter la liste des présidents et juges nommés jusqu'en 1810, nous avons dû recourir aux annuaires du temps (1).

(1) Voir pièces justificatives n° VIII.

TROISIÈME PARTIE

LE TRIBUNAL DE COMMERCE DEPUIS LA PROMULGATION DU CODE (1807-1850)

NOUVELLE LÉGISLATION

Le tribunal ouvrit un nouveau registre de ses délibérations le 15 septembre 1807.

Il y constata d'abord la législation nouvelle, telle qu'elle résultait du Livre IV du Code de commerce, qui venait d'être promulgué et qui n'a subi depuis lors que des modifications peu importantes. Nous n'avons pas, bien entendu, à rapporter ici des lois qui sont encore aujourd'hui presque toutes en vigueur et qu'on trouve dans nos codes. Nous nous bornerons à indiquer, d'abord dans une vue d'ensemble, comment les tribunaux de commerce ont été constitués, puis à rapporter à leurs dates respectives les changements les plus importants qui se sont produits.

Une loi du 15 septembre 1807 fixait l'époque d'exécution du Code de commerce au 1er janvier 1808, et abrogeait toutes les anciennes dispositions relatives aux matières commerciales.

Un décret de l'empereur Napoléon Ier, en date du 6 octobre 1809, décidait qu'un tribunal de commerce siégerait dans les villes désignées au tableau y annexé. Orléans figurait à ce tableau, et le tribunal de cette ville devait se composer d'un président, de six juges et de quatre suppléants. Les autres villes du ressort de la Cour qui conservaient aussi leur tribunal de commerce ou dans lesquelles il en était érigé un, étaient :

Tours, avec un président, quatre juges et quatre suppléants.

Blois, même composition.

Romorantin et Montargis, avec un président, trois juges et deux suppléants.

Ce même décret réglait le nouveau costume des juges consulaires. D'après un premier projet envoyé au Conseil d'État, ils devaient porter l'habit noir et le manteau court ; mais, sur les observations de M. Vignon, alors président du tribunal de commerce de Paris, l'article 8 du décret définitif décida que les membres des tribunaux de commerce porteraient, comme autrefois les juges-consuls, dans l'exercice de leurs fonctions et dans les cérémonies publiques, la robe de soie noire avec des parements de velours. Le décret ne parlait pas de la toque, mais il fut aussitôt réglé, et cela demeura l'usage, que les juges porteraient une toque de soie bordée de velours noir avec un galon d'argent, comme les magistrats des tribunaux civils. La toque du président est ornée de deux galons d'argent.

Enfin le décret disposait que les nouveaux élus ne prêteraient serment qu'après avoir été institués par l'empereur, sur la proposition du Grand Juge, ministre de la justice.

Le Code de commerce de 1806 mettait fin à la période intérimaire qu'avait créée la constitution de l'an VIII, suivant laquelle les juges de commerce devaient conserver leurs fonctions jusqu'à l'installation de leurs successeurs et étaient indéfiniment rééligibles. A partir de la mise en exécution du nouveau Code, le président et les juges ne pouvaient plus être réélus immédiatement, et un intervalle d'une année était exigé pour qu'un nouveau mandat pût leur être conféré.

En outre, ce n'étaient plus les négociants assemblés qui choisissaient les électeurs. Ce choix appartenait au préfet, qui en dressait chaque année la liste parmi les négociants notables de l'arrondissement, d'après le chiffre de la population de la ville où siégeait chaque tribunal. Ces notables devaient être choisis parmi les chefs des maisons les plus anciennes et les plus recommandables par la probité, l'esprit d'ordre et d'économie.

Le nombre des notables d'Orléans fut fixé en 1810 à 56, pour une population de 45,630 habitants. Sur cette liste figuraient : le Président alors en exercice, M. Lochon-Houdouart, avec les juges qui étaient : MM. Crignon-d'Ouzouer, Rimbault, Hubert, Robillard de Moissy et Benoist-Mérat. On trouve encore, dans cette liste, plusieurs noms qui se sont perpétués à Orléans et dans les environs, tels que ceux de MM. Lochon, Ruzé, des Francs, Raguenet de Saint-Albin, Marcille, Tassin-Baguenault, Hubert-Crignon, Rousseau, Jourdan, Marcueyz, Baguenault de Viéville, Douville, Duchalais, Rouzeau-Montault, Dumuis, Crignon, Désormeaux, Pompon, Baschet, Mignon, Miron, Bénardeau, etc.

La liste des notables, chargés seuls de procéder à l'élection des juges fut, faite en 1810, conformément à cette loi, par le baron Pyer, préfet du Loiret, qui prit, le 18 avril, un arrêté indiquant le mode de cette première élection. Cet arrêté expliquait notamment que les juges en fonctions continueraient à rendre la justice jusqu'à l'installation de leurs successeurs et que l'élection aurait lieu au siège du tribunal, sous la direction du président en exercice, au scrutin individuel et à la majorité des suffrages.

Les nouveaux magistrats devaient présenter les greffiers et les huissiers qui n'auraient pas déjà été nommés par l'empereur, ce qui était le cas pour Orléans.

La première élection eut lieu à partir du 14 mai 1810, dans une des salles de la Bourse de commerce, rue d'Illiers, ancienne chapelle des Minimes. Elle fut longue, laborieuse et incidentée, ainsi qu'on va le voir.

Il fallait tout d'abord prendre connaissance des dispositions nouvelles de la loi, qui ne réglait pas d'une manière très nette la marche à suivre, et on se décida à élire le Président de l'assemblée, ce qui, on le verra plus loin, constituait une erreur.

La première journée se passa ainsi.

Le 15 mai, on procéda au dépouillement du vote. L'Assemblée avait décerné l'honneur de la présidence provisoire au président en exercice du tribunal, M. Lochon-Houdart.

Celui-ci commit une seconde erreur en choisissant lui-même deux scrutateurs, MM. Benoist et Rimbault, juges, et un secrétaire, M. Marcueyz, qui faisait aussi partie du Tribunal.

L'Assemblée ainsi constituée, on donna lecture de la liste de tous les anciens Présidents ou juges ayant siégé depuis trente ans, afin d'y choisir le nouveau Président qui, aux termes de la loi, devait déjà avoir exercé la fonction de juge.

Après quoi, l'audience tombant le lendemain, mercredi, d'après l'usage qui s'est perpétué, on s'ajourna au jeudi, 17 mai, jour auquel on ne put réunir la majorité, c'est-à-dire la moitié plus un des cinquante-six notables, en sorte qu'on crut devoir s'abstenir de voter, ce qui était une nouvelle erreur, car la loi n'exigeait pas la majorité absolue des électeurs, mais seulement celle des votants.

Même situation, le vendredi, 18 mai. Enfin on parvint à réunir, le 19, trente votants et on procéda au scrutin pour l'élection du Président. M. Lochon-Houdouart, élu par vingt voix, remercia l'Assemblée, mais ajouta qu'il y avait près de vingt ans qu'il avait été élu juge pour la première fois ; qu'il avait exercé les fonctions difficiles de Président pendant les dix dernières années qui venaient de s'écouler ; et que, par suite, il ne croyait pas pouvoir rester plus longtemps à la tête du Tribunal. Il demandait donc qu'un autre fût élu à sa place.

Il fallut encore s'ajourner au lundi, 21 mai, pour procéder à un nouveau vote, dont le dépouillement eut lieu le lendemain seulement. M. Lochon-Houdouart se trouvait encore réélu par vingt-quatre votants et adressait à l'Assemblée de nouvelles observations. S'appuyant sur le texte de la loi qu'on appliquait pour la première fois, et suivant lequel le

Président ne pouvait demeurer en exercice plus de deux ans de suite, il estimait qu'il n'était pas rééligible, puisqu'il exerçait la fonction de Président depuis dix années consécutives.

Toutefois, comprenant dans quel embarras il mettrait les électeurs par un refus catégorique, il se bornait à de simples réserves à ce sujet, ajoutant qu'il en serait référé « à Monseigneur le grand Juge ».

Le 23 mai, on procéda à l'élection des juges. Le vote fut dépouillé le lendemain. Il y eut vingt-sept votants. Le premier juge fut M. Aignan-Marcueyz ; les autres furent MM. Hurault-Bachevilliers, Laisné-Villévêque, Granger-Crignon, Pompon aîné ; et les suppléants, MM. Hesme-Lemoine et Ligneau-Grandcour, Raguenet de Saint-Albin et Jourdan aîné.

Le Tribunal se trouvait donc constitué, et l'institution impériale fut demandée. Mais, le 10 juin, le duc de Massa, grand juge, renvoyait le dossier à la préfecture du Loiret, en signalant que les élections étaient entachées de nullité : en ce que les membres de l'assemblée n'avaient pas prêté serment ; en ce que le Président provisoire de l'Assemblée électorale avait été élu au lieu d'être désigné par cette Assemblée ; en ce que ce président devait être d'après la loi l'électeur le plus âgé ; en ce que les scrutateurs auraient dû être au nombre de trois, tandis qu'il n'y en avait eu que deux, et auraient dû être pris aussi parmi les plus âgés des électeurs et non choisis par le Président ; enfin en ce que le secrétaire aurait dû être l'électeur le plus jeune. Le Préfet avisa aussitôt le tribunal de cette situation et il fallut tout recommencer.

Par une lettre du 7 juillet 1810, le préfet renvoya au Tribunal la liste des notables et demanda qu'il fût procédé de suite à une nouvelle élection.

Elle eut lieu le lundi, 30 juillet, dans la salle de la Bourse. M. Creuzillet-Pelletier, âgé de 72 ans, fut de droit nommé président, comme doyen d'âge ; MM. Marcueyz, Rouzeau-Montaut et Benoist-Mérat, âgés de 56 ans, furent scrutateurs ; enfin, le plus jeune des électeurs présents, M. Demainville, âgé de 32 ans, fut désigné pour remplir les fonctions de secrétaire. Puis on procéda à la composition, par voie de scrutin, du bureau de l'élection proprement dite, et les cinq membres de ce bureau prêtèrent le serment d'obéissance aux constitutions de l'empire et de fidélité à l'empereur.

Le lendemain, 31 juillet, le Président du bureau qui, cette fois encore, était M. Lochon-Houdouard, fit connaître à l'avance que MM. Petit-Billard, Raguenet de Saint-Albin et Jourdan déclinaient toute candidature.

Enfin les membres de l'Assemblée prêtèrent tous serment et procédèrent au vote qui donna les résultats suivants :

M. Lochon-Houdouard, président ;

MM. Aignan, Hurault-Bachevilliers, Tassin-Montaigu, Grangé-Crignon, Pompon et Hême-Lemoine, juges ;

MM. Mignon-Demainville, Ligneau-Grandcour, Des Francs aîné et Guy Miron, suppléants.

Institués peu après, ces magistrats prêtèrent devant la Cour impériale le serment alors en usage, les 7 novembre et 5 décembre 1810. Enfin, ils furent très solennellement installés le 11 décembre par M. Pieyr, préfet du Loiret.

Le même jour, le tribunal admettait lui-même, à titre provisoire et en attendant la ratification de l'empereur : comme greffier en chef, M. Sylvain Dubois ; en qualité de commis-greffier, M. Baubault; et, comme huissiers audienciers, MM. Bonnet-Chevalier et Breton-Delanoe, qu'il présentait ensemble, le 21 janvier 1811, à l'agrément de Napoléon Ier, dans les termes suivants :

« Dubois, homme aussi remarquable par sa moralité et sa « probité que distingué par ses connaissances acquises par « une longue expérience dans la pratique, et qui joint à ces « qualités une aisance honnête.

« Breton, Jean-Liphard, quarante ans, audiencier depuis sept ans.

« Bonnet, Joseph-Gilbert, trente-huit ans, audiencier depuis huit ans. »

Admis par l'empereur, ces fonctionnaires prêtèrent serment devant le tribunal les 23 et 31 mars 1811.

On a pu remarquer le petit nombre d'électeurs qui s'étaient présentés pour remplir leur devoir dès la première année. Le même fait se reproduisit les années suivantes, et même les choses allèrent toujours en empirant à ce point de vue. Ainsi, en 1812, il n'y eut plus que treize électeurs, et quinze en 1813. Le *sous-préfet* d'Orléans en faisait la remarque, dans une lettre adressée le 6 avril 1813 au tribunal, mais sans résultat; et, en 1830, M. Vergniaud-Romagnési constatait, dans son histoire de la ville d'Orléans, l'insouciance des négociants appelés à choisir leurs juges et leur négligence à se rendre aux assemblées électorales.

Comment expliquer cette indifférence des électeurs, qui est devenue la règle des élections consulaires, non seulement à Orléans, mais dans toute la France et même à Paris, alors que partout, et notamment dans notre ville, les négociants appelés à juger leurs pairs sont entourés de respect et sont appelés presque tous, à la suite de leur judicature, à siéger à la Chambre de commerce, au Conseil municipal et souventes fois à devenir adjoints ou maires ? Cela tient un peu d'abord à ce que, peu processifs de leur nature, les négociants sont convaincus qu'ils n'auront pas besoin personnellement de juges. Nous les avons souvent entendus nous en faire l'aveu. Mais cela tient surtout à ce que, par une excellente pratique renouvelée des juges-consuls, c'est le tribunal lui-même qui a toujours veillé avec un soin jaloux à son propre recrutement, en jetant les yeux sur les plus dignes, qu'il présente chaque année aux électeurs. Ceux-ci font confiance au tribunal et acceptent son choix sans opposition.

A partir de 1810, les élections se continuèrent pacifiquement et sans incidents notables. Nous nous bornons donc à donner aux pièces justificatives la liste de tous les présidents et juges successivement élus.

Mais il n'est pas inutile de rappeler comment fonctionnait l'assemblée des notables qui, après avoir fait place en 1848 à l'assemblée des électeurs, fut rétablie en 1852 et a enfin cessé de fonctionner depuis le 8 décembre 1883, date à laquelle le suffrage est devenu presque universel en cette matière (1).

Pour être porté sur la liste des notables, il faliait être français, et avoir la jouissance de tous ses droits civiques et politiques. L'âge de trente ans, requis pour les juges, ne l'était pas pour les notables qui, quand ils n'avaient pas atteint cet âge, restaient simples électeurs sans être éligibles. A l'égard des maisons gérées sous une raison sociale, on choisissait d'ordinaire comme notable l'associé dont le nom figurait en première ligne dans la signature sociale, à moins qu'il n'habitât hors de l'arrondissement. La liste des notables était dressée chaque année par les soins du préfet et approuvée par le Ministre de l'intérieur jusqu'en 1848, et depuis 1852, par le Ministre de l'Agriculture, du Commerce et des Travaux Publics. Dans la pratique, les maires recueillaient et adressaient au préfet tous les renseignements sur la liste des notables. Ces renseignements étaient transmis au Tribunal et à la Chambre de commerce, qui faisaient en commun le travail de révision. Enfin la liste était arrêtée par le préfet et devenait définitive par l'approbation ministérielle.

Les notables recevaient ensuite une carte spéciale qui leur donnait accès au scrutin, auquel ils étaient convoqués par le préfet.

Le vote avait lieu au scrutin individuel et à la pluralité absolue des suffrages. L'élection du Président donnait lieu à un scrutin particulier.

Quant aux juges, dont nous ne pouvons nous dispenser de dire un mot, ils devaient et doivent encore être âgés de trente ans et avoir exercé le commerce avec honneur et distinction pendant cinq ans. Le Président doit être âgé de

(1) Aux termes de la loi de 1883, tous commerçants citoyen français, patentés depuis cinq ans, et n'ayant pas été condamnés correctionnellement ni déclarés en faillite, ainsi que les membres, même anciens, du tribunal et des Chambres de commerce et les présidents, même anciens, des Conseils des Prudhommes, sont électeurs au Tribunal de commerce. Une loi du 23 janvier 1895 a donné ces mêmes droits aux femmes commerçantes remplissant les mêmes conditions.

quarante ans et avoir été juge. Leurs fonctions durent deux ans, après lesquels ils sont une seconde fois rééligibles. Cette nouvelle période expirée, ils ne sont éligibles qu'après un intervalle d'un an. Les suppléants sont indéfiniment rééligibles en cette qualité.

Tous prêtent serment avant d'entrer en fonctions, à l'audience de la Cour, après que l'ampliation du décret d'institution rendu par le chef de l'Etat a été adressée par le ministre de la justice au procureur général. La formule de ce serment a varié à chaque changement de gouvernement. Nous en indiquerons les termes en suivant l'ordre chronologique des faits.

L'installation des nouveaux juges a toujours été faite avec une certaine solennité. Tous les membres en exercice lors de la dernière élection et les nouveaux élus siègent en robe dans l'hémicycle. Le premier Président de la Cour, le préfet, le conseil de préfecture, le procureur général, le Président du Tribunal civil, le Procureur de la République, le maire, les adjoints, le trésorier général, les anciens Présidents et anciens juges, le Président de la Chambre de commerce, le président et les membres du Conseil des Prud'hommes, les avocats et avoués sont invités à la cérémonie et y assistent le plus souvent ou y envoient un délégué. En ouvrant la séance, le Président adresse un discours d'adieu et de remerciement à ceux de ses collègues qui quittent le tribunal, et de bienvenue à ceux qui y arrivent. Après quoi il rend compte des travaux du Tribunal pendant son exercice. Son discours se termine généralement par quelques recommandations ou éloges au greffier et aux agréés. Lecture est ensuite faite par le greffier du procès-verbal de prestation de serment des nouveaux magistrats et, aussitôt après, le Président les déclare installés dans leurs fonctions et les invite à prendre possession de leur siège.

Enfin, quand il y a un nouveau Président, celui-ci, occupant le fauteuil que lui cède son prédécesseur, adresse à son tour un discours de remerciement et d'éloge à son prédécesseur et aux juges sortants, avec un mot de bienvenue pour les nouveaux ainsi que pour le greffier et pour les agréés (1).

Et l'audience d'installation est levée pour être reprise immédiatement par l'audience ordinaire.

Le nouveau Tribunal ainsi constitué pourvoit aussitôt par des jugements à la nomination de nouveaux juges commissaires des faillites en cours, et de nouveaux rapporteurs, ou au maintien de ceux qui ont été réélus.

Les fonctions des juges de commerce sont purement honorifiques.

Le Tribunal a, dans les cérémonies publiques, un rang et une place déterminés par le décret du 24 messidor, an XII.

Le Président prend rang et séance après le Président du Tribunal civil et avant le maire. Les membres des tribunaux de commerce suivent les officiers de l'état-major de la place et précèdent les juges de paix.

Ils sont accompagnés dans les cérémonies publiques par une escorte de quinze hommes commandés par un sergent.

Autrefois les membres des Tribunaux de commerce pouvaient se dispenser du service de la garde nationale.

Aujourd'hui encore ils ne peuvent être requis comme jurés, soit devant la Cour d'assises, soit en cas d'expropriation pour cause d'utilité publique.

Ils ne sont plus obligés, comme l'étaient les juges-consuls d'accepter la charge à laquelle les électeurs les ont appelés, mais ils doivent faire connaître leur refus avant la prestation de serment.

Le Tribunal de commerce n'a pas de vacances, et les juges ne peuvent s'absenter sans prévenir le Président,

(1) Depuis un certain nombre d'années, le procès-verbal de l'installation en audience solennelle des Présidents et Juges nouvellement élus, est imprimé. (V. imprimerie Georges Michau et Cie, 1891, 1895 et 1899.)

afin qu'il soit pourvu momentanément à leur remplacement, si besoin est.

Il ne peut siéger les dimanches et jours de fêtes légales.

Les jugements doivent être rendus par trois juges au moins. Les audiences sont publiques. La police de la salle appartient au Président qui a le droit de faire expulser tout perturbateur, en requérant au besoin la force publique.

La compétence du tribunal est à peu près la même que celle des juges-consuls, mais elle est mieux définie par les art. 631 à 641 du Code de commerce. C'est du reste une matière qui ne saurait être traitée que dans un ouvrage spécial. Le taux du dernier ressort qui était de 500 livres tournois du temps du Consulat et qui avait été fixé à mille francs pendant la Révolution, est aujourd'hui de quinze cents francs, augmentation d'ailleurs bien plus apparente que réelle, puisque, s'il est vrai que la livre tournois valait absolument un peu moins que notre franc actuel, sa valeur relative était beaucoup plus grande à raison notamment du bas prix de la main d'œuvre. A la différence des juges-consuls, les tribunaux de commerce connaissent privativement de tout ce qui concerne l'administration des faillites et des contestations civiles qui en sont les conséquences. Mais l'instruction et la répulsion des délits reprochés aux faillis ont été réservées aux tribunaux correctionnels ou criminels.

Enfin le Tribunal de commerce connaît aujourd'hui comme juge au second degré de l'appel des sentences rendues par les Conseils de Prud'hommes, lorsque le chiffre de la demande excède deux cents francs de capital.

Événements suivant l'ordre chronologique

Il nous reste à signaler dans leur ordre chronologique les évènements que le Tribunal a consignés sur son registre.

Le 9 avril 1814, il crut devoir prendre une délibération pour constater son adhésion unanime aux actes du gouvernement provisoire, « comme devant procurer aux Français le « bonheur qu'ils ont le droit d'attendre de l'héritier légitime « du trône de saint Louis. »

Et il décida que cette délibération serait adressée « par

son président à nos « seigneurs les membres du gouvernement provisoire. »

En 1815, on reprit l'ancienne formule de serment. Chaque magistrat « jura obéissance aux constitutions de l'empire et « fidélité à l'empereur. Il n'y eut cette année-là que huit vo- « tants pour l'élection qui eut lieu le 12 juin.

En 1816, les juges jurent d'être fidèles au roi « et de faire « observer les lois du royaume ainsi que les ordonnances et « réglements du roi et de se conformer à la charte constitu- « tionnelle donnée par le roi à ses peuples. »

En 1818, le Tribunal est intégralement renouvelé et une liste de cinquante-huit notables est dressée.

Nous y voyons figurer notamment MM. Baguenault de Viéville, Robert de Massy, Lochon-Pavis, Lasseux (de Beaugency), et Chicoisneau (de Meung).

En 1819, le buste de Pothier est placé dans la salle des audiences. M. Lochon-Houdouart prononce l'éloge du grand jurisconsulte orléanais.

En 1824, le Tribunal dresse le tarif des droits dûs aux courtiers en marchandises et agents de change, tarif qui est approuvé ensuite par le ministre des finances et rendu exécutoire le 20 juillet de cette même année.

Le 29 septembre 1824, le Tribunal, avisé de la mort de Louis XVIII et de l'avènement de Charles X, envoie au nouveau roi l'adresse suivante, par les soins de M. Aignan, président.

« Sire, les membres du Tribunal de commerce d'Orléans, « déposent aux pieds de V. M. l'expression de leur douleur « sur la perte d'un roi chéri, le père des Français.

« Nos regrets sont profonds, sire ; ils ne sont tempérés « que par la douceur de votre parole royale, lorsqu'elle nous « donne l'espérance de voir continuer son règne, qui fut celui « de la sagesse, de l'énergie et de la loyauté.

« Daignez, sire, agréer nos hommages respectueux, avec « l'assurance de notre amour et de notre fidélité.

« Nous serons toujours pénétrés des grands devoirs que « nous avons à remplir en rendant la justice au nom « de V. M.

« Ce nom auguste nous rappelle les vertus héréditaires « des Bourbons, protecteurs du commerce et amis de la « justice.

« Sire, il répond à la France du bonheur qui lui a été « promis le jour où vous avez rendu les lys à leur terre « natale. »

En cette même année 1824, eut lieu, le 3 novembre, la bénédiction du nouveau Palais de justice, par l'évêque d'Orléans, devant les trois corps administratif, judiciaire et militaire, cérémonie qui fut suivie d'un discours de circonstance, dit le registre, prononcé par le premier président et d'un second discours de M. Deschamps, premier avocat général, sur les devoirs des magistrats dans la tenue des assises.

Le 10 novembre, le Tribunal vint s'installer dans la salle actuelle de ses audiences, au nouveau Palais de Justice, rue de la Bretonnerie.

A cette occasion, M. Aignan, président, prononça un discours (dont le texte n'a pas été reproduit au registre), sur l'établissement et l'utilité des tribunaux de commerce, ainsi que sur les devoirs des juges qui les composent.

En 1825, nouvelle formule de serment. Les magistrats jurent « fidélité au roi, obéissance à la charte constitution- « nelle et aux lois du royaume. »

En 1827, le Dauphin vint à Orléans, le 13 mai, et reçut les autorités à la Préfecture. Le Tribunal se rendit à la réception. Le registre constate que les juges revêtirent leurs robes au vestiaire de la Préfecture et présentèrent ensuite leurs hommages.

En cette même année, le Tribunal eut à s'occuper de la réorganisation des faillites. Le Garde des Sceaux faisait appel à l'expérience des juges de commerce, qui fonctionnaient régulièrement depuis dix-huit ans, à l'effet d'apporter à la législation les améliorations que réclamait l'intérêt du commerce. Une Commission composée de MM. Aignan, Germon-Miron et Daguin, fut nommée à cet effet, le 9 juin 1827, et se réunit le 17 juillet suivant. M. Aignan, rapporteur, expliqua que la loi était bonne en elle-même, mais qu'elle était mal exécutée. Les droits énormes perçus par le fisc sur toutes les formalités, les délais considérables que celles-ci entraînaient, la nomination des syndics par les créanciers, les retards apportés par le ministère public dans les mesures de coercition à prendre contre les faillis de mauvaise foi, l'obligation imposée par les parquets de consigner les frais d'alimentation des faillis dont l'incarcération était ordonnée, étaient autant d'obstacles à la réalisation rapide et fructueuse de l'actif. Ce rapport, adopté par le Tribunal, fut envoyé au premier Président de la Cour, pour être transmis au ministère. On sait que la loi en projet ne fut adoptée que le 28 mai 1838.

En 1830, après l'avènement de Louis-Philippe, la formule du serment fut encore modifiée. Les magistrats jurèrent « fidélité au roi des Français, obéissance à la charte constitutionnelle et aux lois du royaume. »

En 1835, le Tribunal, présidé alors par M. Germon-Miron, envoya au roi Louis-Philippe, le 6 août, l'adresse suivante, à raison de l'attentat du 28 juillet précédent, c'est-à-dire de l'attentat Frieschi :

« Sire, la France, en apprenant l'horrible attentat dirigé contre vous et votre famille, a été saisie de la plus profonde indignation. Le Tribunal de commerce s'empresse de vous exprimer toute la part qu'il prend à un évènement qui, malheureusement, a fait tant de victimes.

« Dans un jour néfaste, la Providence a protégé la France. Puisse-t-elle lui conserver son roi.

« Puisse aussi ce coup avoir frappé au cœur les factions ennemies de son repos et du nôtre. »

En 1842, le Tribunal envoya au roi une adresse dont les termes ne sont pas rapportés, à l'occasion de la mort de son fils aîné, le duc d'Orléans.

En 1845, nous trouvons pour la première fois le *Journal du Loiret*, rédigé par MM. Pagnerre et Danicourt, désigné pour recevoir les annonces légales.

Le 25 février 1848, sur la demande des courtiers et agents de change et sur l'avis favorable de la Chambre de commerce, le Tribunal, se joignant au Tribunal de commerce de la Seine, adresse au ministre des Finances du gouvernement provisoire une supplique, dans le but d'obtenir un décret prorogeant de 10 jours sans protêts les échéances des 28 février et 5 mars 1848, en raison de ce que la Banque d'Orléans a cessé son escompte et aussi en raison du resserrement des fonds sur notre place. Le Tribunal était alors présidé par M. Rousseau-Dehais, élu en remplacement de M. Chavanne, le 23 juillet 1847. M. Sautton-Parisis, premier juge, fut envoyé à Paris, porteur de cette délibération. Trois jours après, M. Pereira, commissaire du gouvernement provisoire, rendit un arrêté conforme.

Le 1er mars suivant, le Tribunal envoyait au gouvernement une adresse dans laquelle il déclarait adhérer à la République établie le 24 février, afin, disait-il, « de ramener le crédit et la confiance par le maintien de l'ordre et de la liberté. »

En vertu d'une loi du 8 août 1849 et d'un décret du 26 septembre suivant, les juges de commerce durent recevoir une institution nouvelle au nom de la République, ce qui eut lieu le 14 novembre de la même année, par les soins du premier Président de la Cour, spécialement délégué à cet effet. Après quoi, le Président du Tribunal qui était encore M. Rousseau-Dehais, reçut de MM. Sautton, Doussaint-Péan, Charoy aîné et Delapommeraye, juges, et de MM. Baudet, Baron et Jouvellier-Gaudry, suppléants, le nouveau serment ainsi conçu :

« En présence de Dieu et devant les hommes, je jure et « promets en mon âme et conscience de bien et fidèlement « remplir mes fonctions, de garder religieusement le secret « des délibérations et de me conduire en tout comme un « digne et loyal magistrat. »

Peu après, le 3 décembre, eut lieu une nouvelle élection, au suffrage universel, sous la présidence de M. Paul Robert de Massy, adjoint au maire. Cent-soixante cinq électeurs se présentèrent et élurent : Président, M. Rousseau-Dehais.

Juges, MM. Sautton, Ad. Besnard, Charoy aîné, Martenot, Delapommeraye et Richault. Suppléants, MM. Varnier jeune, Henri Bigot, Paquot-Levassor et Delafon.

Puis, le 19 décembre, le Tribunal dressa la liste des juges complémentaires, devant siéger en cas d'empêchement ou de récusation des juges en exercice, en conformité d'un décret du 28 août 1848. Furent inscrits sur cette liste : MM. Auvray fils, Baron-Champenois, Henri Baudet, Emile Breton, Breton-Lorion, Jules Chavannes, A. Coudière, Daudier, Escot, Ad. Fousset, Germon-Douville, Hazard, Michel père, Jouvellier-Gaudry, Lacaze-Boulard, Lavail-Pauvert, Monnet-Marcille, Moricet-Chaudeau, Pavis-Blanchard, Perrault-Faucheux, Pichelin aîné, Proust-Michel, Rebu, Roger-Gaudry et Varnier-Roger.

Ces juges complémentaires devaient bientôt, dans ces temps calamiteux, être appelés à remplir leurs fonctions. Dès le 20 mars 1850, par suite de la faillite du Comptoir national d'Orléans, le Tribunal se trouva dans l'impossibilité de se composer, tous les juges, sauf deux, étant actionnaires ou créanciers de cet établissement, dont la faillite donnait lieu à un premier procès. On tira donc au sort un juge supplémentaire, et ce fut M. Lavail-Pauvert qui siégea.

Le même cas se présenta encore deux fois en 1851, et ce fut encore le nom de M. Lavail-Pauvert qui sortit ; ce qui s'explique probablement par ce fait que tous les noms proclamés avant le sien étaient des noms d'actionnaires ou de créanciers.

Enfin, en 1852, date à laquelle nous devons clore ce travail, un nouveau Tribunal, élu le 21 juin et composé de MM. Chavannes, président ; Adolphe Besnard, Martenot, Richault et Delapommeraye, juges ; Huau-Rousseau, Alexis Germon, Pavis aîné et Gustave Proust, suppléants, fut installé par décret de Louis-Napoléon, président de la République.

Le Tribunal envoya au futur empereur, le 15 octobre 1852, une adresse portant huit signatures et ainsi conçue :

« Prince, cédant aux manifestations de la France, vous « avez, à Bordeaux, publié le programme de l'Empire. Ce « programme répond exactement aux sentiments de la Nation

« et à ses besoins. Chacun y trouve un nouveau gage des « nobles inspirations qui vous animent pour le bonheur de la « France.

« Prince, vous avez dicté vous-même les conditions aux- « quelles vous avez accepté la couronne. La France a foi « dans vos paroles et dans votre génie. Que les hautes « destinées auxquelles vous êtes appelé soient le prix des « services que vous avez rendus au pays, et qu'elles servent « à assurer son avenir et l'accomplissement de vos vastes « projets ! Tel est le vœu auquel s'associe de grand cœur le « Tribunal de commerce d'Orléans. »

Et, quelque temps après, le Tribunal et le greffier prêtaient le nouveau serment d' « obéissance à la constitution « et de fidélité à l'Empereur. »

On a vu, dans la première partie de ce travail, combien étaient difficiles et même mauvaises les relations entre les juges-consuls et les autres magistrats de l'Orléanais. Cette ancienne rivalité a complètement disparu au XIXe siècle, et le registre des délibérations laisse voir, pour ainsi dire à chaque page, les rapports courtois de la Cour d'appel et du Tribunal civil avec le Tribunal de commerce. Pourtant, deux conflits d'une minime importance et qui n'ont eu aucune conséquence fâcheuse se sont élevés.

Une première fois, il s'agissait de l'éternelle question de préséance. Après avoir assisté à son rang, le 27 décembre 1824, aux obsèques de M. Johanet, vice-président du Tribunal civil, le Tribunal, invité trois jours après par le premier Président de la Cour à rendre les mêmes devoirs à M. Baschet, conseiller, se rendit d'abord à la maison mortuaire, puis, de là, à l'église de Saint-Paterne où, par oubli, sans doute, aucune place particulière ne lui avait été réservée. Le registre des délibérations, qui consigne ce fait, ajoute : « Le Tribunal, à titre de protestation, s'est aussitôt retiré. »

La seconde fois, il s'agissait des relations entre le Tribunal et le parquet du Procureur du Roi.

En 1836, le Tribunal avait pris une délibération relative au costume des quatre agréés. Il les avait autorisés à porter la robe d'avoué et la toque noire. Mais les avoués avaient réclamé contre cette ressemblance trop grande entre leur costume et celui des agréés. Nouvel arrêté en 1839, fixant ainsi le costume de ces derniers : Robe en laine noire, sans manches, cravate en soie blanche, toque garnie de crinoline noire. La robe sans manches et la cravate soulevèrent des protestations, cette fois de la part des agréés ; d'où une troisième délibération consignée au registre. Désormais, les agréés sont autorisés à faire ajouter à leurs robes des manches larges, mais serrées aux poignets et arrêtées par un bouton, comme aussi à remplacer la cravate par un rabat en percale blanche à grands plis.

Ces délibérations successives avaient fait beaucoup de bruit au Palais et vinrent aux oreilles de M. Hyver, procureur du Roi à Orléans en 1839. Celui-ci pensa que le Tribunal avait excédé son droit en dressant ainsi une sorte de règlement général. Oubliant qu'il n'avait, de par la loi, aucune autorité sur le Tribunal de commerce, il demanda, en termes impératifs au Président d'avoir à lui fournir des expéditions des délibérations prises par le Tribunal en ce qui concernait la réception, le serment et le costume des agréés. Le Président se crut fondé à refuser ces expéditions. Le Procureur demanda alors que, tout au moins, les registres des délibérations lui fussent communiqués. Même refus suivi d'une demande de communication simplement officieuse. Elle fut faite par l'intermédiaire du greffier du Tribunal de commerce, qui consentit à porter le registre au Parquet. Mais là, M. Hyver ne se borna pas à une simple lecture. Appelant son secrétaire, il lui donna l'ordre de copier certaines délibérations, qu'il fit collationner ensuite et signer par le greffier du Tribunal civil.

En apprenant ces faits, les juges de commerce s'en montrèrent très froissés et, dans une lettre véhémente qu'ils adressèrent le 30 janvier 1839 et qu'ils consignèrent tout entière sur leur registre, ils portèrent plainte contre M. Hyver, déclarant que ces agissements « avaient d'autant plus de

« gravité qu'ils émanaient d'un magistrat appelé par ses
« fonctions mêmes à donner l'exemple d'une probité délicate
« et du respect dû aux droits d'autrui. »

Qu'advint-il de cette plainte ? Le silence gardé par le registre des délibérations donne à penser que les choses en restèrent là, et les bonnes relations, qui n'ont cessé d'exister depuis entre le Tribunal et le Parquet, sont la preuve que, de part et d'autre, il ne s'en est suivi aucune conséquence fâcheuse.

Beaucoup moins mouvementée que celle de nos juges-consuls, parce qu'elle est réglementée par des lois plus complètes et parce qu'elle n'est plus contestée par personne, l'existence de nos juges de commerce n'est cependant pas moins intéressante à d'autres points de vue.

A l'exemple du Consulat, le Tribunal a continué à se recruter avec une facilité vraiment extraordinaire pour qui se rend compte des multiples qualités d'indépendance, d'application et de dévouement que comporte cette judicature absolument gratuite.

Obligés souvent d'abandonner leurs propres affaires, les négociants qui consentent à accepter les laborieuses et délicates fonctions de juges au Tribunal de commerce se trouvent en outre dans la nécessité presque constante de juger leurs amis, leurs collègues ou leurs concurrents. Ils passent de longues heures sur leur siège à écouter avec une attention toujours soutenue des procès quelquefois compliqués et qui exigent d'eux l'étude du droit et de la jurisprudence.

Leur tâche, pour être moins rude que celle de leurs devanciers, est donc encore très belle et on jugera peut-être qu'il y avait quelque convenance à écrire cette notice, ne fût-ce que pour faire un peu connaître une institution modeste, mais qui a rendu autrefois et rend encore de nos jours de si utiles services dans une ville où le commerce et l'industrie ont dès longtemps tenu et continuent à tenir une place importante.

PIÈCES JUSTIFICATIVES

I

EDIT DU ROI

SUR LA CRÉATION D'UN JUGE ET QUATRE CONSULS DES MARCHANDS EN LA VILLE D'ORLÉANS, LESQUELS CONNAITRONT DE TOUS PROCÈS ET DIFFÉRENTS QUI SERONT CI-APRÈS MUS ENTRE LESDITS MARCHANDS POUR FAIT DE MARCHANDISE.

Charles, par la grâce de Dieu, roi de France,
à tous présents et à venir, salut.

Savoir faisons que, sur la requête et remontrance à nous faite en notre conseil de la part de nos chers et bien aimés les échevins d'Orléans, et pour le bien public et abbréviation de tous procès et différends entre marchands, qui doivent négocier ensemble de bonne foi, sans être contraints aux subtilités des lois et ordonnances :

Avons, par l'avis de notre très honorée Dame et Mère, des Princes de notre sang, seigneurs et gens de notre dit conseil, (et suivant ce que nous avons dernièrement fait et accordé pour ceux de notre ville de Paris), statué, ordonné et permis ce qui s'ensuit :

Premièrement : avons permis et enjoint auxdits échevins de notre dite ville d'Orléans, nommer et élire en l'assemblée de cent notables bourgeois de ladite ville, qui seront pour cet effet appelés et convoqués huit jours après la publication des présentes, cinq marchands du nombre desdits cent ou autres absents, pourvu qu'ils soient natifs et originaires de notre royaume, marchands et demeurant en notre dite ville d'Orléans :

Le premier desquels nous avons nommé juge des marchands et les quatre autres consuls desdits marchands, qui feront le serment devant lesdits échevins.

La charge desquels cinq ne durera qu'un an sans que pour quelque cause ou occasion que ce soit, l'un d'eux puisse être continué.

Ordonnons et permettons auxdits cinq juge et consuls assembler et appeler trois jours avant la fin de leur année jusques au nombre de soixante marchands, bourgeois de ladite ville, qui en éliront trente d'entre eux, lesquels, sans partir du lieu et sans discontinuer, procéderont avec lesdits juge et consuls en l'instant et le jour même, à peine de nullité, à l'élection des cinq nouveaux juge et consuls des marchands, qui feront le serment devant les anciens : et sera la forme dessus dite observée dorénavant en l'élection desdits juge et consuls, nonobstant oppositions ou appellations quelconques dont nous réservons à notre personne et à notre Conseil la connaissance, icelle interdisant à nos Cours de Parlement, Baillif et Prévôt d'Orléans.

Connaitront lesdits juge et consuls des marchands de tous procès et différends qui seront ci-après mûs entre marchands pour fait de marchandise seulement, leurs veuves marchandes publiques, leurs facteurs, serviteurs et commettants, tous marchands : soit que lesdits différends procèdent d'obligations, cédules, récépissés, lettres de change ou crédit, réponses, assurances, transports de dettes et novation d'icelles, comptes, calcul ou erreur en iceux, compagnies, sociétés ou associations déjà faites ou qui le seront ci-après.

Desquelles matières et différends, nous avons, de nos pleine puissance et autorité royale, attribué et commis la connaissance, jugement et décision auxdits juge et consuls, et aux trois d'entre eux, privativement à tous nos juges : appelés avec eux, si la matière y est sujette et en sont requis par les parties, tel nombre de personnes de conseil qu'ils aviseront : exceptés toutefois et réservés les procès de la qualité susdite déjà intentés et pendant par devant nos juges, auxquels néanmoins enjoignons les renvoyer par devant lesdits juge et consuls des marchands, si les parties le requièrent et consentent. Et avons dès à présent déclaré nuls tous transports de cédules, obligations et dettes qui seront faits par lesdits marchands à personne privilégiée ou autre quelconque non sujette à la juridiction desdits juge et consuls.

Et pour couper chemin à toute longueur et ôter l'occasion de fuir et plaider, voulons et ordonnons que tous ajournements soient libellés, et qu'ils contiennent demande certaine. Et seront tenus les parties de comparaître en personne à la première assignation, pour être ouïes de leur bouche, s'ils n'ont légitime excuse de maladie ou absence : esquels cas enverront par écrit leur réponse signée de leur main propre ou, audit cas de maladie, de l'un de leurs parents, voisins ou amis ayant de ce charge et procuration spéciale, dont il fera apparoir à ladite assignation : le tout sans aucun ministère d'avocat ou procureur.

Si les parties sont contraires et non d'accord de leurs faits, délai compétent leur sera préfix à la première comparution, dans lequel ils produiront leurs témoins qui seront ouïs sommairement et, sur leur déposition, le différend sera jugé sur le champ, si faire se peut : dont nous chargeons l'honneur et conscience desdits juge et consuls.

Ne pourront lesdits juge et consuls, en quelque cause que ce soit, octroyer qu'un seul délai, qui sera par eux arbitré selon la distance des lieux et qualité de matière, soit pour produire pièces ou témoins, et, icelui échu et passé, procéderont au jugement du différend d'entre les parties sommairement et sans figure de procès.

Enjoignons auxdits juge et consuls vaquer diligemment en leur charge durant le temps d'icelle, sans prendre directement ou indirectement, en quelque manière que ce soit, aucune chose, ni présent ni don, sous couleur ou non d'épices ou autrement, à peine de crime de concussion.

Voulons et nous plait que des mandements, sentences ou jugements qui seront donnés par lesdits juge et consuls des marchands ou les trois d'eux, comme dessus, sur différends entre marchands et pour fait de marchandise, l'appel ne soit reçu, pourvu que la demande et condamnation n'excède pas cinq cents livres tournois, pour une fois payer. Et avons dès à présent déclaré non recevables les appellations qui seront interjetées desdits jugements, lesquels seront exécutés en nos royaume, pays et terres de notre obéissance, par le premier de nos juges des lieux, huissiers ou sergents sur ce requis : auxquels et à chacun d'eux enjoignons de ce faire à peine de privation de leurs offices sans qu'il soit besoin demander aucun *placet, visa, ni pareatis.*

Avons aussi dès à présent déclaré nuls tous reliefs d'appel ou commissions qui seraient obtenus au contraire pour faire appeler les parties, intimer ou ajourner lesdits juge et consuls. Et défendons très expressément à toutes nos Cours Souveraines et Chancelleries de les bailler.

En cas qui excéderont ladite somme de cinq cents livres tournois, sera passé outre à l'entière exécution des sentences desdits juge et consuls nonobstant oppositions ou appellations quelconques et sans préjudice d'icelles, que nous entendons être relevées et ressortir en notre cour de Parlement à Paris et non ailleurs.

Les condamnés à garnir par provision ou définitivement seront contraints par corps à payer les sommes liquidées par lesdites sentences et jugements qui n'excéderont cinq cents livres tournois, sans qu'ils soient reçus en nos chancelleries à demander lettres de répit. Et néanmoins pourra le créditeur faire exécuter son débiteur en ses biens meubles et saisir ses immeubles.

Contre lesdits condamnés marchands ne seront adjugés dommages et intérêts requis pour le retardement du paiement qu'à raison du denier douze, à compter du premier ajournement, suivant nos ordonnances faites ès-Etats tenus à Orléans.

Les saisies, établissements de commissaires et ventes des biens ou fruits seront faites en vertu desdites sentences et jugements. Et, s'il faut passer outre, les cris et interpositions de décret se feront par autorité de nos juges ordinaires des lieux, auxquels très expressément enjoignons, et chacun d'eux en son détroit, tenir la main à la perfection desdites criées, adjudications des héritages saisis, et à l'entière exécution des sentences et jugements qui seront donnés par lesdits juge et consuls des marchands, sans y user d'aucune remise et longueur, à peine de tous dépens, dommages-intérêts des parties.

Les exécutions commencées contre les condamnés par lesdits juge et consuls seront parachevées contre leurs héritiers sur les biens seulement.

Mandons et commandons aux géôliers et gardes de nos prisons ordinaires et de tous hauts-justiciers, recevoir les prisonniers qui leur seront baillés en garde par nos huissiers ou sergents en exécutant les commissions ou jugements desdits juge et consuls des marchands dont ils seront responsables par corps et tout ainsi que si le prisonnier avait été amené par autorité de l'un de nos juges.

Pour faciliter la commodité de convenir et négocier ensemble, avons permis et permettons aux marchands bourgeois de notre dite ville d'Orléans, natifs et originaires de nos royaume, pays et terres de notre obéissance, d'imposer et lever sur eux telle somme de deniers qu'ils aviseront nécessaire pour l'achat ou louage d'une maison ou lieu qui sera appelée la place commune des marchands : laquelle nous avons dès à présent établie à l'instar et tout ainsi que les places appelées le Change en notre ville de Lyon et Bourses de nos villes de Tolose et Rouen, avec tels et semblables privilèges, franchises et libertés dont jouissent les marchands fréquentant les foires de Lyon et places de Tolose et Rouen.

Et, pour arbitrer et accorder ladite somme, laquelle sera employée à l'effet que dessus et non ailleurs, lesdits échevins de notre dite ville d'Orléans assembleront en l'hôtel de ladite ville jusques au nombre de cinquante marchands et notables bourgeois, qui en députeront dix d'entre eux avec pouvoir de faire les cotisations et départements de la somme qui aura été comme dit est, accordée en l'assemblée desdits cinquante marchands.

Voulons et ordonnons que ceux qui seront refusants de payer leur taxe, ou quote part, dans trois jours après la signification ou demande d'icelle, y soient contraints par vente de leurs marchandises et autres biens meubles : et ce par le premier notre huissier ou sergent sur ce requis.

Défendons à tous nos huissiers ou sergents faire aucun exploit de justice ou d'ajournement en matière civile aux heures du jour que les marchands seront assemblés en ladite place commune, qui seront de neuf à onze heures du matin, et de quatre jusqu'à six heures de relevée.

Permettons auxdits juge et consuls de choisir et nommer pour leur scribe et greffier telle personne d'expérience, marchand ou autre qu'ils aviseront, lequel fera toutes expéditions en bon papier sans user de parchemin, et lui défendons très étroitement prendre pour ses salaires et vacations autre chose qu'un sol tournois par feuillet à peine de punition corporelle et d'en répondre par lesdits juge et consuls en leurs propres noms, en cas de dissimulation et connivence.

Si donnons en mandement à nos amis et féaux les gens tenants nos cours de Parlement, bailli dudit Orléans, prévot de Paris, sénéchal de Lyon, bailli de Rouen et à tous nos autres officiers qu'il appartient, que nos présentes ordonnances ils fassent lire et publier et enregistrer, garder et observer chacun en son ressort et juridiction, sans y contrevenir ni permettre qu'il y soit aucunement contrevenu en quelque manière que ce soit. Et afin de perpétuelle et stable mémoire, nous avons fait apposer notre scel à ces présentes. Donné à Fontainebleau, au mois de février, l'an de grâce 1563, et de notre règne le quatrième. Ainsi signé : Par le Roi en son Conseil : ROBERTET.

II

LECTURE ET PUBLICATION

DE L'ÉDIT DU ROY PORTANT CRÉATION D'UN CONSULAT A ORLÉANS.

A tous ceux qui ces présentes lettres verront, Hyérôme Groslot, escuié, seigneur de Champ-Baudouin, conseiller du Roy notre Sire, bailly d'Orléans, salut;

Sçavoir faisons que ce jourd'hui, judiciairement assemblés par Mᵉ Erasmes Pâris, procureur des eschevins manans et habitans de la ville d'Orléans, en la présence des advocat et procureur du roy notre sire audict bailliage,

A été présenté l'édit du roy notre sire sur la création d'un juge et quatre consuls des marchands de la ville d'Orléans, pour connaître de tous procès et différens entre marchands pour le fait de leur marchandise, requérant lecture et publication estre faite dudit édict, ce que lesdits advocat et procureur du roy n'ont voulu empescher, ains consenti et accordé la publication. La teneur duquel édict ensuit... Charles... signé Lesvière. Après laquelle lecture et publication faite desdites lettres, s'est apparu Mᵉ Jehan Longuet, greffier de la prévosté d'Orléans, par Mᵉˢ Jehan Guillon et Jehan Bindi ses avocat et procureur, qui a dit que dès longtemps il est pourvu du greffe de ladite prévosté, par achat fait du roy notre sire, et, pour ledit état, a payé grosses finances audit sire roy, qui sont entrées dans son fonds et ont tourné à son profit, et d'icelui estat et des dépendances a toujours joui, et parce que lesdictes lettres de l'institution de juges des marchands lui feroient rétracter grande partie de son dict greffe, si autre greffier y estoit admis. En quoi il a notable intérest, et à ceste cause empesche que aultre soit commis par lesdits juge et consuls que luy; offrant par lui fournir et satisfaire au contenu desdictes lettres et assister avec lesdits juge et consuls, en temps et heure qui seront par eux destinés pour l'exécution et entretènement du contenu ès-dites lettres et observer ce qui est contenu en icelles.

Sur quoy avons ordonné et ordonnons que lesdits procureur du roy et eschevins auront lettres de la publication et présentation faite desdites lettres, lesquelles seront enregistrées au greffe dudit bailliage pour leur servir ce que de raison.

Pareillement avons donné et octroyé audit Longuet lettres de sa requeste ci-dessus faicte, lequel se pourvoiera pour le contenu en icelle par devant le roy ou aultrement, ainsi qu'il pourra et débvra par raison.

Donné le vingt-et-unième jour de mars l'an 1563, signé de Lesviere.

III

NOMS DES CENT NOTABLES

APPELÉS ET CONVOQUÉS POUR FAIRE LA PREMIÈRE ÉLECTION DES JUGES ET CONSULS LE 18 JUIN 1564

Claude Bourdineau l'ainé.
Guillaume Beauharnais.
Jacques de Contes.
François Collas.
Claude Monceau l'ainé.
Gilles le Boiteux.
Guy de Louys.
Louys le Masne.
Antoine Garrault l'ainé.
Agnan de Contes.
Jehan Gilles.
Christophe de la Gueulle.
Jehan Vaillant de Guellis.
Claude de la Mare.
Noel Hazon.
Etienne Jacquemin.
Jehan Jacquemin.
Pierre de Brie.
Simon le Normand.
Jehan Godefroy ainé.
Etienne le Normand.
Gabriel Framberge.
Guillaume Compaing.
Robert Martin.
Jehan Margat.
Jehan Dalibert.
Guillaume Mariette.
Jehan le Roux.
Roch Le Breton.
Jacques Marchand.
Guillaume Ardellu.
Régnier Pinard.
Christophe Lemaire.
Laurent Fleureau.
Philibert Tronchart.
François Guntault.
Guillaume Deloynes.
Pierre Deloynes.
Jacques Daniel.
Louis Martins.
Claude Le Merle.
Jacques Bourdineau le Jeune.
Pierre Bouquin.
Jacques Lhuillier le Jeune.
Martin Provenchère.
Hercule de Flacourt, dit Bizet.
Guillaume Charron.
Pierre de Soissons.
Estienne Lambert.
Guillaume Aubelin.
Jacques Hardy.
Jehan Salomon.
Claude Perdoux.
Clément Bribart.

Mathurin Le Roux.
François Bourgoing.
René Briant.
Jacques Desfriches.
Mathurin Bribart.
Jehan Ferry.
Claude Lhuillier.
Nicolas de Coullons.
Guillaume Framberge.
Guillaume Lallemant.
Jacques Bourdineau l'aîné.
Olivier de la Saussaye.
Jehan Gennis.
Claude Martin.
Nicolas Sougy.
Pierre Godefroy.
Nicolas Desfriches.
Mathurin Clément.
Jehan Ronflard.
Jacques Rouillard.
Louis Bernier.
Guillaume Hoyau.
Antoine Buattier.
Guillaume Cahouet.
Guillaume Richard, dit Acarie.
Martin Sévin.
Guillaume Prieur.
Jacques Moireau.
Jacques Stample.
François Stample le jeune.
Jehan Godefroy le jeune.
Guillaume Bouchault.
Jehan Lamyrault.
Guillaume Cardinet.
Charles Chastellier.
Claude Monceau le jeune.
Fiacre Guyot.
Jacques Monsive.
Nicolas Thias.
Etienne Disme.
Guillaume Tranchot.
Gentien Deloynes l'aîné.
Pierre Stample le jeune.
Girard Bongars.
Guillaume Daniel.
Jehan Hoquin.
Guillaume Baudé.
Jacques Fleury.

IV

PRESTATION DE SERMENT PAR LES NOUVEAUX CONSULS

EXTRAIT DU REGISTRE DU PARLEMENT (1).

Ce jour, François Collas, esleu pour Juge, et Loys Le Masne, François Stample, Guillaume Aubry et Jehan Salomon, esleus pour Consuls en la ville d'Orléans, pour le jugement des causes d'entre les marchands de ladite Ville, l'Edict du Roy sur ce obtenu et vérifié en la cour de Parlement, après avoir sur ce ouy le Procureur général du Roy ce consentant, ont été mandés en la chambre

(1) *Consulat* B. 1598, page 25 du manuscrit final, après la liste des juges-consuls premièrement élus.

des vacations et, après qu'ils ont affirmé que, pour parvenir auxdits estats de juge et consuls, ils n'ont baillé ni promis faire bailler ne promettre ou espérance de donner, par eux ne par aultres, or, argent, ou chose équipollente, ils ont fait le serment de bien et deusment exercer lesdits état et charge de juge et consuls, suivant l'Edict vérifié par ladite cour. Après quoy ont été admonestés de charger leur greffier, qui réside dans ladite ville, pour délivrer aux parties les jugements qui seront par eulx donnés. Fait en ladite Chambre, le treizième jour d'octobre, l'an 1564; ainsi signé : Camus.

Lesdits juge et consuls furent installés en leur siège étant en la grande salle de l'Hôtel de Ville, le treizième novembre 1564, en présence des maire et eschevins.

V

INSTALLATION

DES JUGE ET CONSULS D'ORLÉANS

A tous ceux qui ces présentes lettres recevront, Jehan Demareau, escuier, licencié en lois, seigneur de Pully, conseiller du roy notre sire, garde de la Prévosté d'Orléans, salut.

Savoir faisons qu'aujourd'hui, lundi, treizième jour de novembre, l'an mil cinq cent soixante et quatre, en la personne de Girard Duboys, notaire du roy notre sire en son chastelet d'Orléans, requis et appelé en l'hostel et communauté de la ville dudit Orléans par honorables hommes:

François Collas, bourgeois et marchand dudit Orléans, Juge; Loys Le Masne, François Stample, Jehan Salomon et Guillaume Aubry, aussi bourgeois et marchands dudit Orléans, Consuls des marchands de ladite ville.

Nommés et esleus par les eschevins de ladite ville, audit hostel et communauté, en présence de cent notables bourgeois, marchands de ladite ville y assemblés pour cest effect, suivant les lettres patentes du roy en forme de Edict de leur création données à Fontainebleau, au mois de février dernier, 1563, pour faire lettres de leur installation audit hostel et communauté, *en la grande salle respondant sur la grande rue*, lieu quant à présent plus commode, par eux choisi en ladicte ville.

Ont, en la présence d'honorables et prudens hommes, Pierre Destample, recepveur, Jacques Lhuillier, Jacques Allaume, Guillaume Charron, dit L'évesque, Guillaume Tassin, Claude Tranchot, Gilles Dalibert, Guillaume Moynet, Paterne Plisson, Florent Bourgoing, Clément Cahouet, Jehan Boillève, Daniel De Croix et Guillaume de la Lende, tous eschevins de la ville, et de plusieurs bourgeois marchands d'icelle ville, et aussi de Pierre Beignet, sergent royal et crieur des bans, cris et proclamations faits en ladite ville et banlieue d'Orléans, et de Pierre Bouin, aussi sergent royal audit chastelet d'Orléans, lesdicts juge et consuls pris siège et se sont sis ; et, ce faict, par l'organe dudit Collas, a esté dit et exposé que : suivant lesdictes lettres patentes en forme de édict, nomination et élection faicte de leurs personnes par lesdicts eschevins en présence desdits cent notables bourgeois marchands de ladite ville et vérification faite d'icelles lettres en la cour de Parlement à Paris, ils se seraient transportés en ladicte cour de Parlement, où là, ils auraient fait et presté le serment en tel cas requis et accoutumé.

Depuis, le premier jour de ce présent mois de novembre, suivant ce qui leur estait loisible et permis faire par lesdictes lettres patentes, auroient procédé à l'élection et nomination d'un scribe et greffier en la justice et juridiction à eux attribuée par ledict édit, tel et d'expérience que l'auraient pu choisir, qui est de la personne de maître Erasme Pâris, procureur audict Orléans, lequel n'a encore par devant eulx faict et presté le serment de bien et deument vaquer au faict et exercice de leur scribe et greffier, ainsi qu'il est requis ; lequel Pâris, ils ont faict appeler, qui, à l'instant, est judiciairement comparu par devant lesdicts juge et consuls, duquel Pâris ils ont pris le serment et par lui presté en tel cas requis et accoutumé de bien et deument vaquer au fait de leur dit scribe et greffier en ladite justice et juridiction à eulx attribuée par ledict Edict et acte, à la charge par ledit Pâris de recevoir tous appoinctements, sentences, expéditions et aultres actes touchant et concernant ledict greffe, iceux faire en bon papier sans user de parchemin, et aussi sans que pour les salaires et vacations il puisse avoir et prendre autre chose qu'un sol tournois pour feuillet à peine de pugnition corporelle, selon et ainsi qu'il est contenu et mandé faire par son dit serment.

Ce faict, lesdicts juge et consuls ont commandé audict Pâris prendre place au comptouer et appeler les causes qui étaient à expédier devant eux, ce qu'il a à l'instant faict et procédé à l'exercice de leurdict scribe et greffier.

Ainsi ce faict, lesdicts échevins, par l'organe dudict Stample receveur susdit, ont requis lettres de l'installation desdits juge et consuls.

Ainsi faict comme dit est, et icelles leur être délivrées pour receler en l'arche public et trésor de ladicte ville, pour servir et valoir aux manants et habitants de la ville d'Orléans en temps et lieu et comme de raison.

Ce qui leur a été octroyé par nous au relat dudit notaire.

Avons fait sceller les présentes lettres du scel aux contrats de ladite prévosté d'Orléans.

En présence de Claude Chartres, seigneur de cent dix maisons, Jehan Boutard, sergent royal audit Orléans, maître Jehan Le Mercier et aultres personnes là estants en grand nombre.

Signé : Dubois, avec paraphe.

VI

ASSEMBLÉE DU COMMERCE DU 21 JUILLET 1655

ET LETTRES PATENTES DU ROY QUI ATTRIBUENT A LA JURIDICTION CONSULAIRE D'ORLÉANS UNE SOMME PAYABLE PAR CHACUN *apprentif* ET SUR L'OUVERTURE DE BOUTIQUES.

I. — *Acte d'assemblée.*

Aujourd'hui, vingt-et-unième juillet 1655, nous, Antoine Fontaine, Juge, Hiérosme Davers, Jacques Hazon, François Desfriches et Pierre Boillève, Consuls à Orléans, pour satisfaire au désir de nos charges et procédures à nouvelle élection d'un juge et quatre consuls, sommes, assistés *des greffiers* de ladite juridiction consulaire, transportés en notre Chambre du conseil où étant, après avoir conféré ensemble des moyens plus faciles pour y parvenir, avons décerné notre ordonnance à Euverte Gasté, François Villoing, Claude Gervaise et Florent Groslaid, huissiers audit consulat, auxquels nous avons enjoint, assistés de Jean Rigault et Pierre Godette, archers de la cinquantaine de cette ville, d'eux transporter es-hôtels et domiciles de tous les marchands et bourgeois de la ville, de les assigner à huy, à une heure attendant deux après midi, en l'hostel commun de cette ville, et nous en rapporter le procès verbal. A laquelle heure, sont comparus lesdits Gasté, Villoing, Gervaise et

Groslaid, huissiers, qui nous ont dit avoir dûment notifié et fait savoir notre ordonnance à tous les marchands bourgeois et habitants de ladite ville et iceux assignés à huy, à une heure, présents devant nous, en l'hôtel commun de ladite ville; au moyen de quoi sommes, assistés comme dessus, transportés en la grande salle et auditoire de la juridiction, où sont comparus :

Pierre Boillève, maire de ladite ville, Nicolas Jarron, Robert Mariette, eschevins de ladite ville et César Le Berche.

Louis Foucault, Jacques Patas, Jacques Rousselet, Guillaume Fontaine, Jacques Alleaume, Pierre Desfriches, François Bénard, Nicolas Pryvé, Jean Michau, Jean Paris, Jean Sergent, Pierre Hurault, Jacques Cahouet, Pierre Robert, Cosme Destas, Nicolas Paris, Florent Roussillard, Hugues Saisy, Guillaume Coupplier, Jean Godefroy, Jacques Sarrebourse, Antoine Hachin, Marc Boullard, Charles Le Vassort, Guillaume Fleureau le jeune, Estienne Michau, Nicolas Paris, Jacques Deloynes et Charles de la Gueulle, et autres en grand nombre (1).

Auxquels avons remonstré les avoir fait convoquer, suivant l'édit de l'établissement de cette juridiction, pour procéder à l'élection d'un juge et quatre consuls, pour le temps d'une année seulement, à commencer au premier jour d'août prochain venant, et finissant le dernier jour de juillet en suivant que l'on comptera 1656.

Et outre, avons remontré aux susnommés que cette juridiction a plusieurs procès contre les juges ordinaires, savoir contre le lieutenant général de Montargis qui casse journellement les sentences données audit consulat, et, de naguères, a décerné adjournellement personnel contre le sieur Ysambert, marchand à Orléans, pour avoir fait assigner audit consulat un marchand dudit Montargis par devant nous, pour avoir paiement d'une somme de deniers à lui due pour vente de marchandises ;

Contre le prévost de Beaugency, qui a contrevenu à l'arrêt contre lui ci-devant rendu par une condamnation de quatre-vingts livres demandée contre un nommé Chardon, dont le procès est distribué à Monsieur Benoist conseiller en la grande Chambre ;

Contre le bailli de Jargeau, qui a fait et continué les mêmes entreprises.

Et contre autres juges de cette ville, qui cassent journellement

(1) En comparant les noms ci-dessus avec le " Catalogue " nous avons constaté que presque tous les marchands désignés dans ce procès-verbal, avaient été juges ou consuls et que le maire et les échevins présents à l'assemblée avaient tous fait partie du Consulat.

les sentences, élargissent les prisonniers, comme il a de naguères été fait, qui a causé que le deubt a été perdu, et retiennent même les sentences quand l'on leur en fait apparoir.

Et, n'y ayant fonds en cette juridiction pour subvenir auxdité procès, a été plusieurs fois proposé un facile moyen pour ne charger personne : Que chaque serviteur apprenty, qui entrera chez un marchand, paye dix livres, dont le maitre aura soin de les faire payer.

Et encore, les jeunes hommes qui se marieront paieront pareille somme de dix livres, que les pères auront soin de faire payer, chacun marchand étant obligé de veiller à la conservation de cette juridiction, qui subsistera par ce moyen sans être à charge à personne.

Et, sur tout ce que dessus enquis les maire et eschevins, bourgeois et marchands, à ce présents, donner leur avis et procéder à ladite élection.

Pour laquelle faire, avons à l'instant, en leur présence, par les greffiers de cette juridiction fait dresser une liste en laquelle étaient plusieurs marchands insérés. Et ce fait, lesdits nommés ont à l'instant, sans sortir du lieu, marqué avec nous sur les listes et s'est, par la pluralité des voix, trouvé élus et nommés :

Pour Juge, Christofle Amelot ; Louis de Saint-Mesmin, Claude Duplan, Michel Maindestre et Paul Polluche, Consuls.

Lesquels exerceront ladite charge une année seulement, à la charge de prêter serment au cas requis et accoutumé, laquelle nomination sera notifiée aux dessusdits par le greffier dudit Consulat.

Outre sont tous les susdits nommés d'avis avec nous que tous les jeunes hommes qui seront mis en apprentissage chez les marchands paieront, à leur entrée chez leur maître, dix livres tournois, et pareille somme lorsqu'ils seront mariés ; pour être, ce qui sera payé, employé aux affaires de la juridiction.

Et ce qui sera reçu sera mis es-mains du Président qui sera lors en charge, et, à la fin de son année, mis en mains de celui qui sera lors mis en sa charge.

Fait et donné les an, jour susdits. Ainsi signé : Antoine Fontaine, juge ; Danès, J. Hazon, Desfriches, et Boillève, consuls.

Signé en l'original en papier : Menault et Proust, greffiers, auquel acte de résultat est attaché l'arrêt dont la teneur ensuit.

II. — *Lettres du Roi*

Louis, par la grâce de Dieu, roi de France et de Navarre, à tous présents et advenir, salut.

Nos biens aimés, les juges consuls des marchands de notre ville d'Orléans, nous ont fait remontrer que les entreprises qui ont été ci-devant et sont encore à présent faites sur les juridictions desdits juge et consuls par le Lieutenant général de Montargis, le Prévost de Beaugency, le bailli de Jargeau, les juges de notre ville d'Orléans et autres, ayant causé divers procès et constitué lesdits juge et consuls en très grands frais, il aurait été diverses fois proposé de trouver un fond suffisant tant pour acquitter ce qui est deubt que pour subvenir aux dépenses nécessaires et qui sont à faire pour le maintien et défense de ladite juridiction, laquelle se trouve presque anéantie et le trafic ruiné faute par ceux qui ont précédé les exposants es dites charges d'avoir pu fournir à la dépense desdits procès, aucuns desquels sont encore indécis en notre Parlement de Paris. Mais, toutes ces propositions étant demeurées sans effet, il aurait été enfin arrêté, dans leur assemblée du vingt-et-unième juillet 1655 tant des maire et échevins de ladite ville d'Orléans que des marchands et bourgeois d'icelle, que, pour maintenir ladite juridiction, acquitter les sommes empruntées à cet effet et fournir aux frais des procès qu'ont et pourront avoir lesdits juges-consuls, tous les jeunes hommes qui seront mis en apprentissage chez les marchands paieront, dès leur entrée chez leur maitre, dix livres, et pareille somme lorsqu'ils seront mariés, pour être, ce qui serait payé et reçu, mis es-mains du président qui serait lors en charge, et, à la fin de son année, mis es mains de celui qui serait lors en charge ; le tout suivant et ainsi qu'il est porté par acte d'assemblée qui en aurait été expédié. Mais, parce que les exposants ne désirent souffrir l'exécution de cette délibération qu'elle n'ait été par nous autorisée et confirmée, ils nous ont très humblement supplié leur octroyer nos lettres sur ce nécessaires.

A ces causes, désirant de tout notre pouvoir contribuer à la conservation de la juridiction desdits juge et consuls et au soulagement que pourront recevoir nos sujets dans leur trafic et commerce, de l'avis de notre Conseil, qui a reçu ledit acte d'assemblée dudit jour, 21 juillet 1655, et attaché sous le cou ledit seel de notre chancellerie,

Nous avons, de notre grâce spéciale, pleine puissance et autorité royale, suivant ledit acte, permis par ces présentes signées de notre main, et permettons auxdicts exposants et à leurs successeurs esdites charges de juges-consuls de notre dite ville d'Orléans, de prendre et recevoir de chacun de ceux qui seront mis en apprentissage chez les marchands de notre ville d'Orléans, dès leur entrée chez leurs maitres ladite somme de dix livres, et pareille somme lorqu'ils seront mariés, pour être les deniers employés suivant et ainsi qu'il est porté par ladite délibération, laquelle, en tant que besoin serait, nous avons approuvée et confirmée, sans tirer à conséquence.

Sy donnons mandement à nos amés et féaux conseillers les gens tenant Cour de Parlement à Paris que, du contenu en ces présentes et en ladite délibération ils aient à faire jouir lesdits exposants et leurs successeurs juges-consuls pleinement, paisiblement et perpétuellement, cessant et faisant cesser tous troubles et empêchement au contraire; car tel est notre plaisir.

Et, afin que ce soit chose ferme et stable à toujours, nous avons fait mettre notre scel à cesdites présentes, sauf en autres choses notre droit, et l'autruy en toutes.

Donné à Paris, au mois de mars l'an de grâce 1656 et de notre règne le treizième. Signé : Louis. et, sur le reply : Par le roy : De Guenegaud, avec paraphes. Scellé du grand sceau de cire verte et contre scellé du petit sceau de même cire.

Registrées, ouï et ce consentant le procureur général du roy, pour être exécutées et jouir par les impétrants de *la moitié du droit de dix livres contenues en icelles seulement* à compter dudit jour vingt-et-unième juillet 1655.

A Paris, en Parlement, le vingt-et-unième février 1657, signé : du Tillet, avec paraphes. A côté est écrit : visa. Ces présentes ont été copiées et collationnées par Pierre Ribout et Alexandre Mauduizon, notaires royaux au chastelet d'Orléans, à l'original en bonne forme rapporté par Euverte Demeulle, huissier au consulat dudit Orléans et à lui à l'instant rendu, le 20 septembre 1690 signé : Riboult, Mauduizon, Demeulle, huissier.

VII

LISTE DES JUGES-CONSULS

Cette liste est extraite d'un manuscrit conservé à la bibliothèque d'Orléans (M. S. 41), intitulé : Catalogue de ceux qui ont été élus en la charge de juge et consuls depuis l'an 1564.

Après quoi on lit cette mention : copié en 1784 par M. Dézel le caissier de M. de Laage de Meux.

L'original de ce catalogue parait égaré.

Bien que la copie ne porte ni date ni signature, plusieurs circonstances nous donnent à penser qu'elle a dû être dressée en l'année 1784, par les soins de la Compagnie en charge cette année là. Le catalogue est en effet précédé d'un discours-préface adressé à « Messieurs les juges et consuls des marchands établis par le roi à Orléans ». Ce discours qui ne porte qu'une date incomplète (3 août), fait une allusion très directe aux difficultés entre les juges-consuls et les juges du roi, arrivées à cette époque à un état très aigu. Il y est parlé de « Messieurs qui nous ont précédé en la charge « de juges-consuls et qui ont jeté les premiers fondements de cette « juridiction ». Il se termine par ces mots : vos affectionnés serviteurs. C'est en cette même année 1784 que le consulat, soucieux de conserver les traditions établies, faisait dresser solennellement le procès verbal des cérémonies faites lors de la prestation de serment devant le lieutenant du roi au bailliage. Enfin, en 1784, le consulat fit dresser une liste générale de tous les anciens présidents et consuls encore vivants en cette même année.

ÉLECTIONS	JUGES	CONSULS
1re — 1564	François COLAS sr DES FRANCS, Poinville, Laborde, Malmusse, Jouy, Sémerville et autres lieux.	François Stample. Loyis Le Masne. Jean Salomon. Guillaume Aubry.
2e — 1565	Jacques ALLEAUME, sieur DE SAINVILLE.	Claude Sain, sr de la Belle-Croix. Simon Charron. Jacques de Contes. Claude Monceau.
3e — 1566	Jacques LHUILLIER sr DE FRANCVILLE.	Claude Tranchot. Jean Lamirault. Guillaume Tassin. Nicolas Bongars.
4e — 1567	Claude DANIEL DU TABOUR.	Guillaume Richard dit Acarie. Clément Cahouet. Edouard Demeulles. Pierre Desfriches.
5e — 1568	François STAMPLE sr DE VILLENEUVE.	Guillaume Daniel. Gentien Deloynes. Guillaume Amanjou. François Delamare (1).
6e — 1570	Louis LE MASNE sr DE LA COQUILLE.	Pierre Bouquin. Guillaume Rousselet. Gilles Vaillant. Jehan Hoquin.
7e — 1571	Clément CAHOUET.	Denis Boillève. Robert Mariette. Laurent Fleureau. Jacques Martin.

(1) L'élection de 1569 a été omise au catalogue, aussi bien qu'au manuscrit du livre intitulé : *Consulat*. — Biblioth. d'Orléans, B. 1598.

Il y a lieu de remarquer qu'à partir de 1568, c'est-à-dire à partir de la cinquième année de l'institution de la juridiction, le juge fut toujours choisi parmi ceux qui avaient été précédemment consuls.

ÉLECTIONS			JUGES	CONSULS
8e	—	1572	Gentien DELOYNES sr DE LA ROYAUTÉ.	Guillaume Moynet. Pierre Godefroy de la Pierre-Percée. Pierre Moireau. Guillaume Lalleman[t].
9e	—	1573	TRANCHOT sr DE L'ARDOISE.	Etienne Le Normand. Jacques Hardy. Claude Daniel le jeune. Pasquier Thaureau.
10e	—	1574	Pierre DESFRICHES sr DE SAINT-LIÉ.	Aignan le Breton. Michel Blondeau. Jacques Lefèvre. Jean Boyetet.
11e	—	1575	Jehan HOQUIN.	Jacques Chauvreux. François Gohier. Claude Sain le jeune. Etienne Charron dit l'Evêque.
12e	—	1576	Etienne LE NORMAND.	Hervé le Semellier. Jean le Maire. Pierre Fariolle. Jacques Noury.
13e	—	1577	Simon CHARRON.	Michel Sevin. Jacques le Bonnet. Euverte Guillon. Nicolas Quartier l'aîné.
14e	—	1578	Guillaume VAILLANT.	Guy Hurault. Etienne Coignet. Guy de Louys. Balthazard Gouing.
15e	—	1579	François GOHIER le Jeune.	Antoine Minier. Pierre Gombault. Pierre Lemaire. Michel Petit.
16e	—	1580	Michel SEVIN sr DE PUCHESSE.	Claude Gohier. Hillaire Martin. Noël Alleaume. François Stample.

ÉLECTIONS	JUGES	CONSULS
17e — 1581	Michel BLONDEAU.	Jean Chantereau. Hervé Hobier. Denis Cahouet. Martial Noyer.
18e — 1582	Jacques CHAUVREUX.	Antoine Cardinet dit Daniel. Gilles Aubry. Jacques Mignot. Michel Colas.
19e — 1583	Claude SAIN sr DE LA CROIX.	Florent Pothier. Etienne Ciron. Pierre Moinet. Guillaume Le Berche.
20e — 1584	Claude DANIEL.	François Beauharnais, sr de Miramion. Girard Tranchot. Jacques Pothier. Mathurin Mignot.
21e — 1585	Guy HURAULT.	Louis Boulard. Claude Lamirault. Christophe Patas. Antoine le Breton.
22e — 1586	Jacques LE BONNET sr DE LA FRANVILLE.	Antoine de Brye. Jean Hardy. Jean Bouquin. Jacques Stamples.
23e — 1587	Jacques LEFÈVRE sr DE CORNEVACHE.	Jean Darthiver. Pierre de Muzaines. Toussaint Rousseau. Flou Augrain.
24e — 1588	Florent POTHIER sr DE LA GRANDMAISON.	Jean Alleaume. Michel Bourdeau. Pierre Petitpas. Pierre Hardy.
25e — 1589	Claude LAMIRAULT.	Claude Levassor. Clément Cahouet. Pierre Amanjou. Etienne Brosse.

ÉLECTIONS			JUGES	CONSULS
26e	—	1590	Etienne CHARRON.	Nicolas Piereti. Robert Le Semelier. Clément Cahouet l'aîné. Etienne Guillot.
27e	—	1591	Claude GOHIER l'aîné.	Marin Savary. Etienne Lamirault. Jacques Hazon. François Levassor.
28e	—	1592	Martial NOYER.	Léonard Cardinet dit Daniel. Jean Sarrebourse. Michel Daniel. Guillaume Rousselet.
29e	—	1593	Jacques POTHIER.	Jean Salomon. Jean Collé. Jean Langlumé. Jean Thauréau.
30e	—	1594	Léonard CARDINET dit Daniel.	Pierre Coignet. Aignan Seurrat. Laurent Perdoux. Pierre Boillève.
31e	—	1595	Jean SALOMON.	François de Saint-Mesmin. Guillaume Despons. Nicolas Cartier. Denis Blanchet.
32e	—	1596	Guillaume ROUSSELET.	Jean Bugy. Jacques Collas. Charles Fontaine. François Gasnier.
33e	—	1597	François DE SAINT-MESMIN DE LA BEAUSSIÈRE.	François de Troyes. René Tranchot. Perdoux. Jean Martin.

ÉLECTIONS	JUGES	CONSULS
34e — 1598	Antoine Le Breton.	Hervé Le Semelier.
		Etienne Boullard.
		Jean Fougeu.
		Jean Delalande.
35e — 1599	Étienne Ciron.	Eusèbe Foucault.
		Pierre Le Berche.
		Jérome Petau.
		François Jarron.
36e — 1600	François de Troyes, sr de la Chesnaye.	Etienne Boullard.
		Ponce Jousse.
		Robert Mariette.
		Guillaume Hazon.
37e — 1601	Aignan Seurrat.	Claude Le Masne.
		Mathieu Lambert.
		Guillaume Amelot
		Simon de Goillon, dit Vinot.
38e — 1602	Charles Fontaine.	Claude Germé.
		Hercule Godefroy.
		Noël Boucher.
		Jean Ythier.
39e — 1603	Eusèbe Foucault.	Abraham Leroy.
		Fabien Boilleau.
		Denys Rousselet.
		Guillaume Gaignant.
40e — 1604	Jean Buoy.	Jacques Martinet.
		Jacques Paris.
		Charles Desfriches.
		Florent Pothier le Jeune.
41e — 1605	Jean Martin.	Bonaventure Godefroy.
		Georges Hanet.
		Pierre Le Berche.
		Jacques Gaignant.
42e — 1606	Ponce Jousse.	Jean Cardinet.
		Pierre Salomon.
		François Patas.
		Ambroise Hommain.

ELECTIONS	JUGES	CONSULS
43e — 1607	Etienne BROSSE.	Pierre Lamirault Nicolas de Marigny. Claude de Buzonnière. Isaac Seurrat.
44e — 1608	Jacques HAZON.	Jacques Robert. François de Saint-Mesmin. Claude Noël. Jérôme Danne.
45e — 1609	Jean CARDINET, dit DANIEL.	Michel Massuau. Charles Levassort. Jean de Saint-Mesmin. Jacques Alleaume.
46e — 1610	Zacharie PERDOUX.	Michel Aubry. Jacques Jousse. Jean Alleaume. Toussaint Rousseau.
47e — 1611	Jérôme PETAU.	Claude Boyetet. François Guignau. Christophe Paris. Claude Cardinet.
48e — 1612	François GASNIER.	Gilles Theveneau. Claude Gohier. Vincent Humery. Marc Boullard.
49e — 1613	Pierre SALOMON.	Jean Godefroy. Denis Blanchard. Noël Boyetet. Jean Lemaire.
50e — 1614	Charles DESFRICHES.	Claude Deloynes, sr de la Loyauté. Antoine Minier. Jacques Regonneau. Claude Huguet.
51e — 1615	François COLLAS, sr de Jouy.	Daniel Paris. Christophe Lamirault. Michel Guignau. Guy Hurault.

ÉLECTIONS	JUGES	CONSULS
52e — 1616	Michel AUBRY.	Pierre Le Roy. Mathurin Chaussier. Gabriel Hurault. Christophe Guignau.
53e — 1617	Pierre LE BERCHE.	Simon Mariette. Pasquier Thaureau. Pierre Jogues. Pierre Boillève, l'aîné.
54e — 1618	Pierre LE BERCHE.	Claude Salomon. Alexandre Jullien. Nicolas Thias. Jacques Cartier.
55e — 1619	Jacques ALLEAUME.	Laurent Jogues. Annibal Mariette. Gentien Deloynes l'aîné. Jean Boyetet.
56e — 1620	Jérôme DANNES.	Jean Rigault. Jean de Beausse. Etienne de Flacourt. Flou Engrant.
57e — 1621	Jacques FAVIER, sr Duvivier.	Edouard Boyetet. François Seurrat. Jean Bugy. Jean Thibout.
58e — 1622	Claude NOËL, sr de Bel-Air.	Jean Denost. François Taudigné. Daniel Sergent. Claude Tardieu.
59e — 1623	Simon MARIETTE, sr de Combleux.	Jacques Boyetet. Robert Mariette. Pierre Legrand. Jacques Patas.
60e — 1624	Toussaint ROUSSEAU, sr de Dinonvillier.	Louis Hazon. Guillaume Complain. Jacques Bury. Jean Maudiuson.

ÉLECTIONS			JUGES	CONSULS
61e	—	1625	Daniel SERGENT, sr de Crouy.	Pierre Michau. Simon Ardellet. Jacques Boyetet. Guillaume Grevé.
62e	—	1626	Claude DE LA BRETONNIÈRE, sr des Mazures.	Nicolas Lebœuf. Michel Levacher. Fabien Boilleau. Guillaume Hureau.
63e	—	1627	PASQUIER-THAUREAU.	Jean Salomon. Jean Godefroy. Charles Gombault. Jacques Robert.
64e	—	1628	Jean BUGY.	François Boutheroue. Michel Charron. Guy Pinsepié. Léger Amelot.
65e	—	1629	Etienne DE FLACOURT.	Jacques Trossart. Louis Lemasne. Thomas Trippault. Claude Bugy.
66e	—	1630	Jacques BOYETET.	Louis Foucault. Pierre Perdoux. Léon Patas. Pierre Blanquet.
67e	—	1631	Jean SALOMON.	Georges Hanet. Guillaume Cahouet. Henry Hanappier. Robert Boillève.
68e	—	1632	Robert MARIETTE.	Michel Bourdeau. Gentien Sarrebourse. Guillaume Léonard. Christophe Amelot.
69e	—	1633	Edouard BOYETET.	Jean Fontaines. Vincent Sévin. Guillaume Rousselet. Pierre Bourdeau.

ÉLECTIONS	JUGES	CONSULS
70e — 1634	Nicolas Thias.	Etienne Goudet. Michel Fleureau. Pierre Jogues. Michel Fontaine.
71e — 1635	Gabriel Hurault.	Jacques Foucault. Jacques Rousselet. Pierre Mariette. Pierre Goury.
72e — 1636	Jacques Boyetet, sr de la Cour Caulbré.	François Bourgogne. Pierre Leroux. René Vaslin. Jean de Goillons dit Vinot
73e — 1637	Jacques Patas.	Gentien Deloynes, l'ainé. Michel Humery. Nicolas de Marigny. Jean Alleaume.
74e — 1638	Fabien Boileau.	Nicolas de Guyenne. Jean Bribau. Jacques Deloynes. Marc Boullard.
75e — 1639	Jacques Bury.	Grégoire Hazon. Jacques Charron. Gentien Deloynes, le Jeune. Pierre Hurault.
76e — 1640	Guillaume Cahouet.	Guillaume Fleureau. Florent de Guyenne. Robert de la Gueulle. Pierre Desfriches.
77e — 1641	François Bourgogne.	Jacques Coispeau. Daniel Rousselet. Cosme Destas. Gabriel Baguenault.
78e — 1642	Pierre Jogues.	François Barathor. François Sarrebourse. Guillaume Fontaine. César Le Berche.

ÉLECTIONS	JUGES	CONSULS
79e — 1643	Guillaume ROUSSELET.	Nicolas Jarron. Antoine Barantin. Michel Rousseau. François Sergent.
80e — 1644	Robert BOILLÈVE.	François Chauttard Antoine Jogues. Julien de Flacourt. Simon Riou.
81e — 1645	Jean GODEFROY.	Antoine Fontaine. Guy Corbon. Jacques Boyetet. Pasquier Thoreau.
82e — 1646	Gentien DELOYNES.	Jean Masson. François de Marigny. Etienne Michau. Jean Rousselet de Puchesse.
83e — 1647	Jacques ROUSSELET.	Etienne Mariette. Nicolas Paris. Jean Huguet. Charles Desfriches.
84e — 1648	Léon PATAS.	Pierre Maindestre. Aignan Duras. Toussaint Rousseau. Hubert Huguet.
85e — 1649	Guillaume FLEUREAU.	Jean Bertrand. Jacques Mariette. Daniel Arnault. Antoine Hachin.
86e — 1650	Gentien DELOYNES.	Guillaume SAINSON. Jean Mariette. Jean Jarras. François Godefroy.
87e — 1651	Jean MASSON.	Louis Godefroy. Aignan Hanet. Charles Debeausse. Abraham Leroy.

ÉLECTIONS		JUGES	CONSULS
88ᵉ	— 1652	Nicolas JARRON.	Jacques Barre. Jacques Alleaume. Charles Boyetet. Jacques Gorrant.
89ᵉ	— 1653	Jean HUGUET.	Barthélemy Crémone. Jacques Bourgogne. Antoine Polluche. Robert Boyetet.
90ᵉ	— 1654	Antoine FONTAINE.	Jérôme Danès. François Desfriches. Jacques Hazon. Pierre Boillève.
91ᵉ	— 1655	Christofle AMELOT.	Michel Maindestre. Louis de Saint-Mesmin. Claude Duplain. Paul Polluche.
92ᵉ	— 1656	Michel ROUSSEAU.	Louis Miron. Charles Fontaine-Boillève. Claude Mariette-Cardinet Pierre Deloynes.
93ᵉ	— 1657	Louis GODEFROY.	Charles Alleaume. François Lorry. Michel Foucault. Gentien Lefebvre.
94ᵉ	— 1658	Toussaint ROUSSEAU.	Pierre Mariette. Etienne Godefroy. Nicolas Hémery. Pierre Sevin.
95ᵉ	— 1659	Jacques ALLEAUME.	Jean Deloynes. Louis Guignau. Eusèbe Deloynes. Jean Levassort.
96ᵉ	— 1660	Cézar LE BERCHE.	Jacques Boutheroue. Charles Fontaine. Jacques Rousselet. Jean Mariette.

ÉLECTIONS	JUGES	CONSULS
97e — 1661	ROBERT BOYETET DE GYVÈS	Charles Alleaume. Léon Patas. Jacques Noël Alleaume. Maurice Germond.
98e — 1662	François DESFRICHES.	Florent de Guienne. Jacques Lenormant. Claude Pâris. Jacques Pothier.
99e — 1663	MARIETTE.	Guillaume Rousselet. Jean Delagueulle. Jean-Jacques Choinard. André Seurrat.
100e — 1664	Jacques BOUTHEROUE.	Jacques Godefroy. Jean Rousselet. Guillaume Sevin. Jacques Mariette.
101e — 1665	Etienne GODEFROY.	François Pallu. Marcellin Beaudouin. Vincent Sevin. Gentien Deloynes.
102e — 1666	Florent DE GUYENNE.	Alexandre Pelletier. Louis Clément. Claude Levassort. Nicolas Choinard.
103e — 1667	Etienne MICHAU.	René Goury. Charles Tassin. Jacques de Guienne. Simon Vinot.
104e — 1668	Pierre MARIETTE.	François Sandrier. Nicolas Deloynes. Pierre Goury. Marin Baguenault.
105e — 1669	Guillaume ROUSSELET.	Simon Cahouet. Guillaume Sainson. Louis Jousse. Jacques Godefroy.

ÉLECTIONS	JUGES	CONSULS
106e — 1670	Claude PARIS, s^r de Mondonville.	François Benard. Charles Deloynes. Bonaventure Godefroy. Laurent de Gien.
107e — 1671	Eusèbe DELOYNES s^r DE HAUTEVILLE.	Michel Humery. Louis Rousselet. Etienne Lenormant. François Boutheroue.
108e — 1672	Jacques GODEFROY.	Jérôme Martin. Raymond Massuau. Toussaint Houzé. Nicolas Goury.
109e — 1673	Jean-Jacques TOYNARD.	Charles Jahan. Michel Humery. Jean Mithonneau. Claude Goury.
110e — 1674	Jacques-Noël ALLEAUME.	Jean Masson. Jacques Boyetet. Robert Vinot. Daniel Arnault.
111e — 1675	Charles FONTAINE DE MONTHELON.	Jacques Macé. Toussaint Davonneau. François Masson. Antoine Houzé.
112e — 1676	Louis GUIONAU.	Louis Louvet. Nicolas Amelot. François Regnard. Isaac Seurrat.
113e — 1677	Pierre DELOYNES.	Jacques Boillève. Jacques Michau. Pierre Le Berche. Jacques Colas des Francs
114e — 1678	Nicolas DELOYNES.	René Trossard. Daniel-Nicolas Aignan. Etienne Maindestre. Charles Daniel.

ÉLECTIONS	JUGES	CONSULS
115e — 1679	Guillaume Sainson.	Gaspard Defay. Jean Debeausse. Jacques Alleaume. Jacques Gorrand.
116e — 1680	Jacques Godefroy.	François Humery. Altin Paris. Pierre Leroy. François Hazard.
117e — 1681	René Goury.	Guillaume Boyetet. Guillaume Jogues. Jean Godefroy. Jacques Godefroy.
118e — 1682	Bonaventure Godefroy.	Jacques de Guienne. Claude Boyetet. Louis Trossard. Charles Boyetet.
119e — 1683	Laurent Dismes.	Jacques Deloynes. Pierre Sévin, l'aîné. Barthélémy Germond. Jacques Sarrebourse-Hanappier.
120e — 1684	Marin Baguenault.	Charles Fontaine, sr des Montées. Pierre Jogues. Pierre Mariette. François Seurrat.
121e — 1685	Jacques Macé.	Antoine Polluche. Antoine Baré. Claude Paris. Jacques Deloynes, le jeune.
122e — 1686	Daniel Arnault.	Paul Polluche. Nicolas Sandrier. François Lhuillier. François Godefroy.

ÉLECTIONS	JUGES	CONSULS
123e — 1687	Raymond MASSUAU.	Etienne Levassord. Pierre Cabat. Jean Gorrand-d'Alleville. Jean Levassort.
124e — 1688	Gaspard DEFAY.	Guy Thias. Jean-Baptiste Provenchère. Abraham Le Roy. Guillaume Sainson, le jeune.
125e — 1689	Altin PARIS.	Isambert. Richard Chauvreux. Jean De la Gueulle. Guillaume Delahaye.
126e — 1690	Jean MASSON, l'aîné.	Daniel Goury. Guillaume Sevin-Tassin. Jérôme Martin. Eusèbe Deloynes de la Barre.
127e — 1691	COLAS DES FRANCS.	Pierre Audry. Jean-Baptiste Vinot. Edouard Gorrand. Jogues-Sainson.
128e — 1692	Claude BOYETET.	Jacques de Marigny. Pierre Lhuillier. Pierre Tassin. Richard-Lenormand.
129e — 1693	Jacques SARREBOURSE.	Louis Legruel. Etienne Leroux. Lecreux. Pierre De la Gueulle.
130e — 1694	Barthélémy GERMOND.	Jacques Fontaine. Clément Darnault. Raymond Massuau. Pierre Deloynes.

ÉLECTIONS	JUGES	CONSULS
131e — 1695	Charles Boyetet.	Pierre Baudouin. Etienne Durand. Desfriches-Isambert. Nicolas Michau.
132e — 1696	Claude Paris.	Antoine Regnault. Antoine Masson. Alexandre Marotte. Claude Deloynes.
133e — 1697	Jean Godefroy.	Etienne Cabart. Pierre de Gien. Pierre Sainson. Jean Deloynes-Gorrand.
134e — 1698	Charles Daniel.	Aignan Aignan. Nicolas Ravot. Christophe Foullon. Charles Polluche.
135e — 1699	Isáac Seurrat.	Jean Vaslin. Pierre Cahouet. Claude Clément. Antoine Menault.
136e — 1700	Nicolas Sandrier.	Nicolas Jarron-Boullard. Charles Delagueulle. Pierre Jogues. Alexandre Provenchère.
137e — 1701	Jacques Gorrand.	Simon Vinot. Maria Lecreux. Laurent Dismes. François Sévin.
138e — 1702	Richard Chauvreux.	Jean Le Vassort. Toussaint Marotte. Clovis Haudry sr de la Fosse. Jean Monceau le jeune.

ÉLECTIONS	JUGES	CONSULS
139e — 1703	Jean-Baptiste Provenchère.	Clément Noyau. Michel-Claude Vandebergue. Gabriel Baguenault. Jean Prévot.
140e — 1704	Jacques Godefroy.	Jacques Martin. Guillaume Jogues, le jeune. Pierre Guinebaut de la Guillonnière. Henry Defay.
141e — 1705	Eusèbe Deloynes de la Barre.	Thomas Boillève-Cahouet. Jacques-Clément Monsire. Charles Tassin. Louis Legruet, le jeune.
142e — 1706	Etienne Durand.	Christophe de Muzaines. Euverte Vincent. Jean Isambert. Jean Sergent.
143e — 1707	Nicolas Jarron-Boullard.	Daniel Dupleix. Jean Provenchère du Rouvray. Jacques Deloynes de Champilou. Charles Le Roy.
144e — 1708	Raymond Massuau.	François Sarrebourse-Montonville. Guillaume Ponce Aignan. Philippe Miron. Charles Poullion.
145e — 1709	Nicolas Michau.	Pierre Delaselle. Pierre Hudault. Joseph Mauduison. François-Denis-Colas de Guienne.

ELECTIONS	JUGES	CONSULS
146e — 1710	Antoine MENAULT.	Horace Demadières. Jean Hazon. De Guienne du Cormier. Louis Arnault de Noble-ville.
147e — 1711	Les mêmes.	
148e — 1712	Aignan DESFRICHES.	Jean Guinebaut (ancien) (1). Jérôme Perret. Michel Vandebergue. Costé-Godefroy.
149e — 1713	Pierre DELASELLE.	Jean Lhuillier (ancien). François Thibault. Rousselet-Arnault. Jacques Martin-Tassin.

(1) A partir de l'année 1712, il fut expressément permis d'élire deux fois la même personne en qualité de consul. Celui qui était ainsi nommé était qualifié de consul ancien, et tenait le premier rang après le juge.

Nous désignerons désormais le consul ancien par la lettre *a*, ajoutée à son nom entre parenthèses.

ÉLECTIONS	JUGES	CONSULS	CONSEILLERS
150e — 1714	Henri Defay.	Jean Fontaine (a.). Jean Chassaing. Robert Colas des Francs. Germon l'aîné.	
151 — 1715	Jean Isambert.	François Thibault (a.) Robert Seurrat. Claude Paris. Claude Boillève.	François Aubouin. François de Cougniou-Marseille. Richard Lenormant. Augustin-Jacques de Guéhéville (1).
152 — 1716	Michel-Claude Vandeberque.	Daniel Dupleix (a.). René Petau. Du Cougniou. Jacques Hachin de Pincy.	Simon Vinot. Jean Gorrand Deloynes. François Massuau de Sury. Amy Sarrebourse.
153 — 1717	Charles Tassin.	François Colas de Guyenne (a.). François Crignon de Bonvalet. Jacques Sarrebourse Miron. Alexis Germon.	Pierre Deloynes-Vinot Pierre Sinson-Sevestreville. Seurrat-Baguenault. Nicolas Provenchère.
154 — 1718	Daniel Dupleix.	Robert Seurrat (a.). Charles Humery. Henri Provenchère. Jacques Colas de Brouville.	Jacques Charpentier. Claude Hachin La Forest. Jacques Ducoudray. Nicolas Sandrier.

(1) A partir de 1714, il fut permis d'élire des Conseillers ou Suppléants, n'ayant que voix consultative et destinés à faciliter le recrutement des consuls.

ÉLECTIONS	JUGES	CONSULS	CONSEILLERS
55 — 1719	François THIBAULT.	François Crignon de Bonvalet (a.). Provenchère - Godefroy. Lhuillier des Ponceaux. Richard Lenormand-Tassin.	Jogues de Villery. Hubert Charpentier. Daniel Polluche. Pierre Hudault.
56 — 1720	Jacques DELOYNES DE CHAMPILOU.	Claude Boillève (a.). Claude Hachin. Jean Meunier - Desfriches. Antoine Foubert-Huguiet.	Charpentier de la Mothe. Jean Chauvreux. Tassin-Cahouet. Jean Masson-Jousse.
57 — 1721	Louis ARNAULT DE NOBLEVILLE.	Charles Leroy-Thias (a.). Charles - François Jousse. Charles Petau. Charles Maupassant.	(1)
58 — 1722	Robert SEURRAT.	Jean Provenchère de Rouvray (a.). Pierre Haudry - Sergent. François Sandrier. François Seurrat du Colombier.	Vandebergue - Villebouré. Isambert-Cahouet. Boillève-Humery. Guillaume Privé.
59 — 1723	Nicolas ROUSSELET-ARNAULT.	François de Cougniou (a.). Simon Vinot-Daniel. Jean-Baptiste Chauvreux. Provenchère de Villiers.	Alexandre Mauduison. Antonin Miron-Humery. Bonvalet-Deloynes. Toussaint Huguet.

(1) Il n'y eut pas de conseillers élus en 1721.

ÉLECTIONS	JUGES	CONSULS	CONSEILLERS
160 — 1724	Charles Leroy-Thias.	Jean Meunier-Desfriches (a.). Edouard Jousse du Quillard. Clément Noyau-Boillève. Jean Clément Seurrat Baguenault.	Henri Sarrebourse Boullard. Vandebergue-Toutin Deloynes-Leroy. Morant-Privé.
161 — 1725	François Crignon de Bonvalet.	François Sandrier (a.) J.-B. Hubert ainé. Augustin Jogues de Guédreville. Louis Hachin d'Achères.	Leroy-Pichard. Pierre Deloynes-Lhuillier. Robert Seurrat. Baguenault-Colas.
162 — 1726	Antoine Germon.	Charles Maupassant (a.). Etienne Seurrat. Jean-Baptiste Jacques Nicolas Jahant.	Dufay-Boillève. Isambert Baigneaux. Jahan-Vinot. Rousselet - Thibault.
163 — 1727	Claude Boillève-Miron.	Jacques-Martin Tassin (a.). François Miron. Daniel Vinot-Martin. Daniel Polluche.	Pigeon-Leroy. Anselme Crignon de Bonvalet. Charles Tassin-Jousse Colas des Francs.
164 — 1728	Charles Maupassant	Claude Paris La Bergère (a.). Jean Gorrand. Charles Chauvreux Jarron. Joseph Jogues de Villery.	Guinebaut-Isambert. Colas Haudry. Vincent Humery. Provenchère de Rouvray.
165 — 1729	Jean Meunier-Desfriches.	Louis Hachin d'Achères (a.). Massuau-Fontaine. Jogues Desormeaux. Privé de la Selle.	Levassort-Noyau. Seurrat De Lossy. Dupleix-Ribé. Brasseux-Leroy.

ÉLECTIONS	JUGES	CONSULS	CONSEILLERS
166 — 1730	François DE COUGNIOU.	Alexis Germon de la Rousselière (a.). Bordier-Papillault. Fleureau-Jacques. Vandebergue de Villebouré.	Miron-Jacques. Tassin-Druault. Bouhaut-Bruant. Rousselet-Jousse.
167 — 1731	Clément NOYAU-BOILLÈVE.	Seurrat de Bellevue (a.). Jean Deloynes-Houzé Tassin-Cahouet. Pierre Hudault.	Colas Boillève. Guinebault-Germois. Grimault Jacques. Pryvé-Geffrier.
68 — 1732	Charles PETAU.	Jean Gorrand. François Massuau. Guinebaut-Dorson. Vaslin-Clément.	Deloynes-Douville. Miron Delafosse. Baguenault de Haute-Rive. Colas de Puchesse.
69 — 1733	Louis HACHIN D'ACHÈRES.	J. B. Hubert l'aîné (a). Desfriches. Anselme de Crignon Bonvalet. Gabriel Baguenault.	François Beignard. Vincent du Lary. Charles Gombault-Boudault. Deloynes de Champilou.
70 — 1734	PARIS LA BERGÈRE.	Raymond Massuau-Fontaine (a.) Miron-Humery. Isambert Cahouet. Pigeon Le Roy.	Leberche-Barbier. Desprez. Jacques Vinot. Triboult-Chenille.
71 — 1735	SEURRAT DE BELLEVUE.	Daniel Vinot (a.). Cabard. Cressac la Bachellerie. Vandebergue-Tassin.	Louvel. Duchesnay-Loiseau. Hachin de Pincy. Augustin Deloynes.
72 — 1736	Jérôme-Augustin MASSUAU.	Pierre Hudault. (a). Boillève-Humery. Colas des Francs. Leroy-Pichard.	Beauvais Préau. Miron Paris. Meusnier Cougniou. Rousselet Boesnier.

ÉLECTIONS	JUGES	CONSULS	CONSEILLERS
173 — 1737	Jean Gorrand Deloynes.	Privé de la Selle (a.). Charpentier de la Motte. Fabus. Tassin-Jousse.	Paris Miron. Miron Jacques Ducoudray. Petau Lafosse. Levassort Girault.
174 — 1738	De Goillons-Vinot.	Massuau de Sury (a). François Bénard le jeune. Isambert de Baigneaux Colas Haudry.	Leroy Thias. Sergent Chassaing. Gombault Duchesne. Lhuillier Descoudreaux, fils.
175 — 1739	Daniel De Goillons-Vinot-Martin.	Vandebergue Villebouré (a). Sarrebourse-Boullard Rousselet jeune. Deloynes Douville.	Sédillot. Petau Guérin. Guinebault-Poullin. Philippe fils.
176 — 1740	Lhuillier des Ponceaux.	Fabus (a). Duband. Isaac Seurrat de Concire. Brasseux Leroy.	Colas de Brouville Desormes. François de Goillons Vinot. Seurrat de la Barre. Germon Seurat.
177 — 1741	Privé de la Selle.	Charpentier de la Motte (a.). Petau-Lafosse. Pinchinat aîné. Miron de Cougniou.	Pinchinat-Seurrat. Germon-Boœsnier. Rousselet-Hachin. Hachin-Godeau.
178 — 1742	Massuau de Sury.	Sarrebourse Boullard (a). Paris-Miron. Seurrat De Lossy. Chevallier-Duchesnay	Provenchère-Fougeu. Defay-Boutheroue. Geffrier Ollivier. Jacques Mainville.
179 — 1743	Fabus.	Baguenault-Colas (a). Vaslin-Jahan. Guillaume Tassin des Hauts-Champs. Hachin-Bœsnier.	Boucher-Chauvreux. Pierre Guinebaut-Hubert. Charpentier-Lamotte fils. François-Toussaint de Cougniou.

ÉLECTIONS	JUGES	CONSULS	CONSEILLERS
C° — 1744	Jogues Désormeaux.	Aignan Isambert-Cahouet (a.). François Miron de Marville. Jacques Vinot. Tribou.	Guinebaut-Miron. Gorrand-Germon. Damien Boislandry ainé. Jean-Olivier Provenchère.
1° — 1745	Hervé Sarrebourse.	Anselme Crignon de Bonvallet (a.). Chassaing ainé. Leroy-Bœsnier. Deloynes-Champilou.	Desfriches fils. Jarron. Colas de Malmusse. Le Berche-Pinchinat.
2° — 1746	Gabriel Baguenault	Charles Tassin-Jousse (a.). Remi Boucher-Molandon. Amy Miron. Jean-Pierre Ithier Sergent-Chassaing.	Jacques Boislandry jeune. François Paris jeune. Vincent Rouzeau. Georges Vandebergue de Villebouré.
3° — 1747	Anselme Crignon de Bonvalet.	Isambert de Baigneaux (a.). Beaufils. Guinebaut le Jeune. Germon-Bœsnier.	Sédillot. Cullambourg-Roger. Regnard-Papillon. Bonvallet-Gorrand.
4° — 1748	Michel Vandebergue Villebouré ainé.	Pigeon-Leroy (a.). Seurrat de la Barre. Gombault-Hubert. Lhuillier Descoudreaux.	Merle. Boillève-Colas. Bruerre-Gorrand. Duband-Chou.
5° — 1749	Pierre Hudault.	Guillaume Tassin des Hauts-Champs (a.). Beauvais-Polluche. Guinebaut-Miron. Porcher-Rigault.	Hudault-Bonvallet. Seurrat de Bel-Air. Costé l'ainé. Hubert-Brasseux.
6° — 1750	Deloynes-Houzé.	Robert Colas des Francs (a.). François Pinchinat-Seurrat. Jarron-Provenchère. Rousselet-Hachin.	Huchedé. Couet-Deshayes. Deloynes-Monsire. Prévost-Sarrebourse.

ÉLECTIONS	JUGES	CONSULS	CONSEILLERS
187e — 1751	Charles Tassin-Jousse.	Bénard (a.). Damien Legrand de Boislandry. Guinebaut de la Cour. Pâris La Bergère.	Joseph Tassin-Duchesne. Privé fils aîné. Tassin-Colas. Guinebaut-Petau.
188e — 1752	Jean Isambert de Baigneaux.	François Miron (a.). Raymond Massuau-Fontaine. Prévost Sarrebourse. Hachin de Pincy.	Boucher-Huchedé. Privé Lejeune. Aignan-Girault. Cabard.
189e — 1753	Guillaume Tassin des Hauts-Champs	Etienne Seurrat de la Barre (a.). Charles Gombault. Aignan Desfriches fils Huchedé.	Costé de Baigneaux. De Goillons-Vinot. Auguste-Pierre Tassin-Duvivier. Crignon-Bonvallet fils
190e — 1754	Robert Colas des Francs.	Beauvais-Préau (a.). Massuau de Villars. Boillève. Jacques Mainville.	Baguenault-Miron. Miron-Levassort. Guinebaut-Ravot. Vandebergue-Seurrat
191e — 1755	Isaac Seurrat.	Brasseux Leroy (a.). Jousse Champremeaux. Levassort Deloynes. Jacques de Guédreville.	Sarrebourse-Thouzé. Pierre Deloynes fils. Ravot-Godeau. Raguenet-Miron.
192e — 1756	François Bénard.	Massuau l'aîné (a.). Miron-Ducoudray. Jean Ollivier. Boillève-Colas.	Isambert-Colas. Isambert La Grandcour. Deloynes-Gidouin. Boucher-Duvivier.
193e — 1757	Gilles Leroy-Pichard.	Deloynes-Champilou fils (a,). François Tassin de Cougniou. Le Berche Pinchinat. Privé Brasseux.	Lamé du Pèrron. Deloynes-Rou. Bruneau-Brossard. Couet-Aignan.

ÉLECTIONS	JUGES	CONSULS	CONSEILLERS
194e — 1758	Raymond Massuau l'aîné.	Paris-Miron (a.). Germon Seurrat. Petau-Douville. Miron Fabus.	Domadières-Béville. Poupaille. Musset-Ménard. Aignan-Brunet.
195e — 1759	Et.-Pierre Brasseux Leroy.	Jean-François Guinebaut l'aîné (a.). Crignon de Bonvallet Gorrand. Jos. - Tassin - Duchesne-Colas. Costé l'aîné.	Le Mercier. Mitouflet de Monyou. Lhuillier-Brossard. Papillon-Beaufils.
196 — 1760	Albin-François Paris-Miron.	Massuau de Villiers (a.). Ravot aîné. Geffrier Ollivier. Sédillot Dubois.	Louvet. Desnoyelles. Douville Privé. Lefort fils.
197 — 1761	Jean-François Guinebaut.	Louis - Antoine Germon (a.). Denys Bruère. Pierre - Aignan Hudault. Charles-François Tassin.	François Miron de Marville. Colas-Germon. Miron-Seurrat. Miron de Troyes.
198 — 1762	Jérôme-Massuau de Villars.	Rémi Boucher de Molandon (a.). Nicolas Lasneau. Louis-Colas de Malmusse. Baguenault-Miron.	Nicolas Lasneau fils. Pierre Gratet. Etienne Ravot - Rocher. Bernard-Horace Masson De la Gueulle.
199 — 1763	Etienne Seurrat de la Barre.	Augustin-Seurrat Duvivier (a.). Pierre - Lenormand Isambert. Jacques-Isaac de Goillons Vinot Hudault. Anselme Crignon de Bonvalet Sainson.	Auguste Privé Le Roy. Abraham-Joseph Guinebaut Isambert. Pierre-Guy Brasseux-Estève. Rémi Boucher-Colas.

ÉLECTIONS	JUGES	CONSULS	CONSEILLERS
200 — 1764	Louis-Antoine GERMON-SEURRAT.	Jacques Jarron (a.). Augustin Guillaume-Jogues de Guédreville. François Abraham Thibault. Baguenault-Douville.	Isambert - Baigneaux fils. Altin Claude Paris-Miron. Jousse - Champremeaux. Miron-Fabus fils.
201 — 1765	François MIRON DE MARVILLE.	Pierre Porcher - Rigault (a.). Georges Vandebergue Villebouré fils. Pierre Deloynes Paris. Martin Gougis-Leroy.	Michel Charles Meunier. Pierre Horace Demadières fils. Barthélémy Germon-Bœsnier. Pâris de la Bergère fils.
202 — 1766	Jacques JARRON.	Nicolas Lasneau (a.). Aignan-Joseph Isambert-Colas. Claude-Michel Guinebaut-Petau. Pierre Clément Raguenet.	Raimond Bire. Guillaume Deloynes de Champilou. Martin - Benoist Pineau. Jean-Baptiste Privé-Hachin.
203 — 1767	Augustin GUINEBAUT-MIRON.	Jacques Miron - Fabus (a.). François Abraham Thibault. Robert Couët - Deshayes. Augustin Prosper Tassin-Duvivier.	Philippe Louis Desjardins-Gaudry. Jean Gabriel-Charles Pinguet-Couzé. François Bire le jeune. Ch. Boucher de Mézières.
204 — 1768	Pierre PORCHER-RIGAULT.	Jean Olivier (a.). François Anselme Crignon de Bonvallet-Gorrand. Philippe Sarrebousse de la Guillonnière. Georges Deloynes.	François Lemé. François de la Selle-Porché. Adrien Simon Pisseau Jahan.

ÉLECTIONS	JUGES	CONSULS	CONSEILLERS
205 — 1769	François-Abraham Thibault.	Joseph Tassin-Colas. (a.). Vincent Rouzeau-Coüet. Seurrat de Guilleville Charles-Euverte Miron-Levassort.	Provenchère de Tourville. Defay-Boutheroue fils Louis-Colas De Blouville. Tassin de Cougniou.
206 — 1770	Jacques Miron-Fabus.	Pierre Guinebaut de la Cour (a.). Georges Vandebergue de Villebouré. Louis Lainé l'ainé. Amy Miron de Troyes.	Colas de Malmusse fils. Rouzeau-Mauroy fils. Miron Allaire. Gombault Guinebaut fils.
207 — 1771	Joseph Tassin-Colas.	Pierre Deloynes Pâris (a.). Vandebergue Seurrat Pierre-François Colas des Francs. Claude Altin Paris de la Bergère.	Barthélémy Coulombault. Louis Blanc Despoiriers. Quétard-Hurault. Benoist-Picault le jeune.
208 — 1772	Pierre Guinebaut de la Cour.	Pierre Hudault (a.) (1). François-Louis Lemé l'ainé (a.). François Hureau. François Lhuillier Brossard.	Augustin Deloynes. Amy Miron. Jacques Demainville. Pinchinat fils.
209e — 1773	Lasnéau père.	Damien Legrand Deboislandry (a.). Pierre Aubry-Dassa (a.). Louis-Blain Despoiriers. Pierre-Jean-Philippe Miron-Seurrat.	Beaubley-Aubry. Vallerais. Debury-Gombault. Porcher fils.

(1) A partir de cette époque les deux consuls élus les premiers prenaient leur fonction de suite après l'élection. Les deux autres, seulement six mois après. Il y eut dès lors deux consuls dénommés anciens.

ÉLECTIONS	JUGES	CONSULS	CONSEILLERS
210 — 1774	Jean OLLIVIER.	Claude Boillève-Colas (a.). François Hureau (a.). Joseph Seurrat de Belair. François Miron-Marreaudier.	Miron de Boislandry. Miron-Raguenet. Michel Pinchinat. Tassin de Cougniou.
211 — 1775	Damien LEGRAND DEBOISLANDRY.	Joseph Seurrat de Guilleville (a.). Couet-Girault (a.). Meunier Colas. Guinebaut Ravot.	Demadières-Lasneau. Olivier Guinebaut f. aîné. Olivier Guinebaut le jeune. Martin Geffrier.
212 — 1776	Georges VANDEBERGUE DE VILLEBOURÉ	Jacques Demainville (a.). Isambert de Baigneaux (a.). Lefort-Geffrier. Miron Saint-Germain.	Boillève-Colas fils aîné Crignon - Vandebergue. Bonvallet - Gorrand aîné. Geffrier-Normand.
213 — 1777	Joseph-Henri SEURRAT DE GUILLEVILLE.	Michel-Euverte Miron-Levassort (a.). Legrand-Douville (a.) Nicolas Lasneau fils aîné. Louis Colas de Brouville-Malmusse.	Morand Grandmaison. Malmusse des Ormes. Tassin de Charsonville. Bonvallet-Gorrand fils
214 — 1778	Pierre-Aignan HUDAULT.	Louis Colas de Malmusse (a.). Miron de Troyes (a.). Gratet. Pierre-Henri Demadières-Curé.	Seurrat de Bel Air. Vandebergue Seurrat Guinebaut Miron. Joseph Tassin-Duchesne.
215 — 1779	Aignan-Joseph-Isambert DE BAIGNEAUX.	Sarrebourse de la Guillonnière (a.). Bruneau Brossart (a.). Nolleau Bire. Gombault-Guinebaut.	Miron-Seurrat. Tassin de Villiers. Colas-Delanoue. Legrand Deboislandry.

ELECTIONS	JUGES	CONSULS	CONSEILLERS
216 — 1780	François-Anselme CRIGNON DE BONVALLET (ainé).	Guinebaut-Peteau (a.) Pierre-Clément Raguenet (a.). Lasneau jeune. Quêtard-Hureau.	Legrand-de Boislandry fils. Gombault-Guinebaut fils. Gombault-Guinebaut de la Cour. Hureau fils.
217 — 1781	Philippe SARREBOUSSE DE LA GUILLONNIÈRE.	Lefort-Geffrier (a.). Ravot-Rocher (a.). Boucher Colas. Charpentier-Benoist.	Guinebaut - Pimelin fils. Miron-Delamothe. Michel Degriaux-Miron. Baguenault fils.
218e — 1782	Louis COLAS DE MALMUSSE père.	Gabriel Baguenault ainé (a.). Auguste-Prosper Tassin-Seurrat (a.). Louvel-Piot. Birre.	Colas Malmusse de la Borde. Colas des Francs fils Boucher-Colas fils. Vandebergue - Ville bouré.
219e — 1783	Pierre-Clément RAGUENET.	Arthur-Claude Pâris de la Bergère (a.). Michel Vandebergue (a.). Jacques - François Douville. Pierre-Gui Brasseux.	Jean-Baptiste François Petit. Augustin Edme Huquier. Noel Augustin Dumuis. Delahaye.
220e — 1784	Pierre DELOYNES-PARIS.	Anselme Crignon-Sainson (a.). Pierre - Marin Baguenault - d'Houville (a.). Louis Demadières-Lasneau. Michel-Jacques Colas de Malmusse-Isambert.	Nicolas Paul Costé de Bagneaux Louis Joseph Sainson-Bruneau. Faure-Douville. Lefort fils.

ÉLECTIONS	JUGES	CONSULS	CONSEILLERS
221e — 1785	Michel Vandebergue-Dequoy.	Miron Seurrat de Poisioux (a.). Tassin-Hudault (a.). Martin Geffrier. Michel Pinchinat.	Pierre Tassin-Desmeaux. Bonvallet Crignon Bellevue. Colas-Germon. Etienne - Augus Tassin-d'Auton.
222e — 1785	Crignon-Sainson.	Miron de Saint-Germain (a.). Lasneau le jeune (a.). Colas-Désormeaux. Olivier de la Rousselière.	Baguenault de V ville. Crignon des Mont Miron de Soulaire. Sainson.
223e — 1787	Miron-Levassort.	Charpentier (a.). Demainville (a.). Crignon-Guinebaut. Geffrier Lenormand.	Geffrier de Neuvy. Lairtullier. Ravot-Godeau. Lasneau fils.
224e — 1788	Amy-Claude Miron de Troyes.	Michel-Charles Meunier (a.). Pierre-Horace-Demadières (a.). Pierre-Auguste-Charles Tassin de Montcourt. Louis Dequoy - Gorrant.	Louis Hubert C gnon. Vincent Alexan Houdouart. Jacques Douville f Jean-Baptiste Ro seau-Benoist.
225e — 1789	Michel-Pierre Lasneau jeune.	Gombault-Guinebaut aîné (a.). Crignon-Sainson (a.). Rossignol. Costé de Bagneaux.	Vandebergue de M trieux. Seurrat de Guillevi Miron-Marcardier f Grivot fils.
226e — 1790	Miron de Saint-Germain.	Colas de Brouville (a). Louvel-Piot (a.). Benoist-Hanapier. Pisseau-Caguyé.	Desfrancs fils. Paris Hanapier f Gaudry Hanapier Privé-Hachin fils

(1) La liste qui précède a été copiée au « Catalogue » (Biblioth. d'Orléans, M. S. 41), n'est lui-même qu'une copie. Au moyen des généalogies orléanaises et des annuaires, n avons corrigé nombre d'erreurs qui s'y sont glissées. On voudra bien nous pardonner ce que, faute de renseignements, nous aurions pu laisser subsister.

VIII

LISTE DES PRÉSIDENTS ET JUGES DU TRIBUNAL DE COMMERCE

PREMIÈRE PÉRIODE

DE LA RÉVOLUTION A L'APPLICATION DU CODE DE COMMERCE

(1791 à 1810)

ANNÉES	PRÉSIDENTS	JUGES	SUPPLÉANTS
	MM.	MM.	MM.
1791	Louvel-Piot.	Demadières-Curé. Marcueyz, le jeune. Chrétien. Benoist-Pineau.	Breton-Roger. Delahaye - Bachevilliers. Petit-Billard. Privé-Hachin.
1792 D'après l'annuaire.	Louvel-Piot.	Marcueyz, le jeune. Chrétien. Benoist-Pineau. Breton-Roger.	
1793 Nomination faite par le « Montagnard » Laplanche.	Laillet.	André Chapiotin, fils ainé. J.-B. Gaudry-Hanapier. J.-B. Bizot-Compérat. Plisson-Thiercelin.	Lejeune. Imbault, jeune.
1794 Nomination faite par le représentant Porcher.	Pierre-Horace Demadières-Curé.	Gaudry-Hanapier. Bizot-Compérat. Hémeré-Mayret. Lasneau, ainé.	Pelletier-Roux. Pierre-Etienne Imbault.
1795	Delahaye.	Bignon, ainé. Huquier-Germon. Hubert-Crignon. De Thou, père.	Benoist-Pineau. Piédor-Dumuys. Dehais-Mareau. Boulard, ainé.

ANNÉES	PRÉSIDENTS	JUGES	SUPPLÉANTS
	MM.	MM.	MM.
1796		Malmusse. Poupaille.	Piédor-Dumuys. Pilté-Grenet.
1797	Poupaille.	Breton-Roger. Benoist-Hanapier. Pilté-Grenet. Marcueyz, jeune.	Hureau-Bachevilliers. Marcau, jeune. Grossier. Aignan-Marcueyz.
1798	Benoist-Hanapier.	Marcueyz, jeune. Marcau, jeune. Hureau-Bachevilliers. Pilté-Grenet.	Rousseau-Rouillé. Gaudry. Pilté-Desjardins. Robillard, fils.
1799	Lochon-Houdouart.	Laisné Sainte-Marie Villévesque. Augustin-Huquier, ainé.	Robillard, fils. Benoist-Mérat. Raimbault-Hubert.
1800	Lochon-Houdouart.	Crignon-d'Ouzouer. Raimbault-Hubert. Robillard, fils. Benoist-Mérat.	Grangé-Crignon. Dumuys-Ravot.
1801 D'après les annuaires.	Benoist-Hanapier.	Hureau-Bachevilliers. Mareau, jeune. Aignan. Robillard, fils.	
1802	Lochon-Houdouart.	Crignon-d'Ouzouer. Raimbault-Hubert. Robillard-Moissy. Benoist-Mérat.	Jacques Jouvellier. Granger-Crignon. Dumuys-Ravot. Colas-Désormeaux.
1803		*Les mêmes qu'en 1802.*	
1804	Lochon-Houdouart.	Raguenet de Saint-Albin. Pompon-Marotte.	Hême-Simonnin. Baguenault de Viéville.
1805		*Les mêmes qu'en 1804.*	

ANNÉES	PRÉSIDENTS	JUGES	SUPPLÉANTS
	MM.	MM.	MM.
1806	LOCHON-HOUDOUART.	Raimbault-Hubert. Crignon-d'Ouzouer. Robillard, fils, Benoist-Mérat.	Rousseau-Jouvellier. Dumuys-Ravot. Colas-Désormeaux. Granger-Crignon.
1807		*Les mêmes qu'en 1806.*	
1808		*Les mêmes.*	
1809		*Les mêmes.*	

DEUXIÈME PÉRIODE

DE L'ANNÉE 1810 A NOS JOURS

ANNÉES	PRÉSIDENTS	JUGES	SUPPLÉANTS
	MM.	MM.	MM.
1810	LOCHON-HOUDOUART.	Aignan-Marcueyz. Hurault - Bachevilliers. Tassin-Montaigu. Grangé-Crignon. Pompon. Hême-Lemoine.	Mignon de Mainville. Ligneau-Grandcour. Desfrancs aîné. Gay-Miron.
1812		Crignon-Guinebaux. Tassin-Baguenault. Lasneau-Latingy.	Germon-Miron. Hubert-Pelletier.
1813	HUBERT-CRIGNON.	Geffrier-Lenormand. Gay-Miron. Mareau jeune.	Robert de Massy. Rousseau-Noury.
1814		Crignon-Guinebaux. Tassin-Baguenault. Lasneau-Latingy. Geffrier-Lenormand.	Germon-Miron. Hubert-Pelletier.

ANNÉES	PRÉSIDENTS	JUGES	SUPPLÉANTS
	MM.	MM.	MM.
1815		Geffrier de Neuvy. Laisné-Villevesque. Raguenet de Saint-Albin. Benoist-Mérat. Gauthier l'aîné.	Crignon-Montigny. Ruzé. Bignon fils aîné. Barrault-Gallard.
1816	Lochon-Houdouart.	Rousseau-Noury. Robert de Massy, Marcille-Pelletier,	Bignon fils aîné, Barault aîné.
1818	Aignan.	Gay-Miron. Mareau jeune. Bignon fils aîné, Gauthier aîné. Ruzé-Daguet. Germon-Miron.	Pillé fils aîné. Michel aîné. Louvel-Miron. Leroy-Boulard.
1819		Leroy-Boulard. Robert de Massy. Rousseau-Noury.	Lorion-Pavis. Beaudéduit-Bardon. Noury.
1820	Lochon-Houdouart.	Pillé fils aîné. Noury. Crignon de Montigny.	Dehais-Demadières. Chapon-Dabit.
1822		Bignon fils aîné. Lorion-Pavis. Beaudéduit-Bardon.	Janse. Rapin.
1823	Aignan.	Germon-Miron. Detté-Demadières. Chapon-Dabit.	Hubert-Demahis. Guillon-Brault.
1824		Robert de Massy. Janse. Rapin.	Gauthier, fils. Daguet-Hubert.

ANNÉES	PRÉSIDENTS	JUGES	SUPPLÉANTS
	MM.	MM.	MM.
1825	HUBERT-CRIGNON.	Sévin-Mareau. Crignon de Montigny. Guillon-Brault.	Germon-Douville. Gorand-Marcueyz.
1826		Germon-Miron. Bignon-Dumuis. Barrault-Gallard.	Leroy-Boulard. Daguet-Hubert.
1827	AIGNAN.	Hême-Lemoine. Chapon-Dabit. Janse.	Germon-Douville. Gorrand-Marcueyz.
1828		Sévin-Mareau. Leroy-Boulard. Daguet-Hubert.	Rapin. Marcueyz-Douville.
1828	SÉVIN-MAREAU.	Guillon-Brault. Germon-Miron. Beaudéduit-Bardon.	Rousseau-Dehais. Hallier-Sauzet.
1830		Germon-Douville. Janse. Marcueyz-Marcille.	Boulard, aîné. Dequoy.
1831	GERMON-MIRON (1).	Leroy-Boulard. Rousseau-Dehais. Hallier. Chapon-Dabit.	Jouvellier-Gaudry. Lutton-Mandard.
1833		Germon-Douville. Janse. Chapon-Dabit.	Piednoel. Lacaze-Boulard.
1834	SÉVIN-MAREAU.	Leroy-Boulard. Hallier-Lorion. Daguet-Hubert.	Lutton-Mandard. Desfrais, fils.

(1) Le Président élu ce jour-là, M. Guillon-Brault, n'étant pas éligible parce qu'il était juge sortant, fut remplacé le 16 mai par M. Hubert Crignon qui refusa. Un nouveau vote du 15 juilletnomma M. Germon-Miron.

ANNÉES	PRÉSIDENTS	JUGES	SUPPLÉANTS
	MM.	MM.	MM.
1835	GERMON-MIRON.	Guillon-Brault. Beaudéduit-Bardon. Dequoy-Burgevin.	Breton-Lorion. Jules Chavannes, ainé.
1836		Germon-Douville. Janse. Chapon-Dabit.	Dehais-Bigot. Escot.
1837	ROUSSEAU-DEHAIS.	Leroy-Boulard, ainé. Hallier, ainé. Jules Chavannes.	Constant-Lefebvre. Lacaze-Boulard.
1838		Guillon-Brault. Escot. Beaudéduit-Bardon.	Mareau-Gaudichard. Delacroix Saint-Clair.
1839	GERMON-MIRON.	Germon-Douville. Lacaze-Boulard. Dehais-Bigot. Constant-Lefebvre.	Prost-Lavy. Varnier-Roger.
1840		Leroy-Boulard. Hallier, ainé. Chavannes.	Saintoin-Leroy. Lochon.
1841	ROUSSEAU-DEHAIS.	Escot. Prost-Leroy. Varnier-Roger.	Bénard. Dessaux.
1842		Chavannes. Saintoin-Leroy. Lacaze-Boulard.	Sautton-Parisis. Lochon.
1843	ROUSSEAU-DEHAIS.	Escot. Varnier-Roger. Besnard.	Dessaux. Doussaint-Péan.
1844		Saintoin-Leroy. Lacaze-Boulard. Sautton-Parisis.	Mareau-Gaudichard. Nicot.

ANNÉES	PRÉSIDENTS	JUGES	SUPPLEANTS
	MM.	MM.	MM.
1845	CHAVANNES.	Bénard. Dessaux. Doussaint-Péan.	Charoy aîné. Daudier.
1846		Saulton-Parisis. Jouvellier-Gaudry. Mareau-Gaudichard.	Henry Baudet. Delapommerais.
1847	ROUSSEAU-DEHAIS.	Varnier-Roger. Doussaint-Péan. Charoy aîné.	Vignet-Daire. Baron-Champenois.
1848	*Pas d'élection ; les Juges sont continués dans leur charge par une loi*		
1849	ROUSSEAU-DEHAIS.	Saulton. Ad. Besnard. Charoy aîné. Martenot. Delapommerais. Richault.	Varnier jeune. Henri Bigot. Paquot-Levassor. Delafon.
1851		Richault. Paquot-Levassor. Thureau.	Léger-Francolin. Girault.
1852	CHAVANNES.	Ad. Besnard. Martenot. Richault. Delapommerais. Paquot-Levassor. Thureau.	Huau-Rousseau. Alexis Germon. Pavis aîné. Gustave Proust.
1853	SAUTTON-PARISIS.	Delapommerais. Paquot-Levassor. Thureau,	Auvray. Pavis.
1855	SAUTTON-PARISIS.	Alexis Germon. Martenot. Huau Rousseau.	Pesty. Gustave Barué.

ANNÉES	PRÉSIDENTS	JUGES	SUPPLÉANTS
	MM.	MM.	MM.
1856		Varnier Jeune. Auvray. Richault.	Lacaze fils. Sanglier. Pesle.
1857	Richault.	Alexis Germon. Paquot-Levassort. Thureau. Huau-Rousseau.	Pesty. Pesle.
1858		Thureau. Pesty.	Lacaze fils. Sanglier. Auvray. Dujoncquoy.
1859	Sautton-Parisis.	Paquot-Levassort. Lacaze. Pesle.	Dujoncquoy. Fougeu-Baron.
1862		Paquot-Levassort. Auvray. Henri Bigot.	Moricet-Chaudeau. Charles Saintoin.
1863	Alexis Germon.	Thureau. Pesty. Fougeu-Baron.	Dujoncquoy. Rossignol-Louis.
1864		Henri Bigot. Moricet-Chaudeau.	Jules Breton Emile Breton. Charles Saintoin.
1865	Alexis Germon.	Pesty. Fougeu-Baron. Ch. Saintoin.	Rossignol-Louis. Renard-Rime. Emile Breton.
1866		Auvray. Thureau.	Chevalier-Escot. Ed. Delafon.
1867	Richault.	Sanglier. Rossignol. Renard-Rime.	Gilbert.

ANNÉES	PRÉSIDENTS	JUGES	SUPPLÉANTS
	MM.	MM.	MM.
1868		Chevalier-Escot. Renard-Rime. Fougeu-Baron.	Delafon. Eug. Fousset. Cottin-Ligneau.
1869	Alexis Germon.	Sanglier.	Gilbert. Cottin-Ligneau Fouqueau-Pellegrin.
1872	Alexis Germon.	Delafon. Gilbert. Eug. Fousset.	Fouqueau-Pellegrin. Cottin-Ligneau. J. Croissandeau.
1874		Gilbert. Eug. Fousset. Fouqueau-Pellegrin.	Baron-Jallerat. J. Croissandeau. Pinçon.
1875	Ch. Saintoin.	Delafon. Sanglier. Baron-Jallerat.	Pinçon. Compoint. Delagrange - Gaucheron.
1876	Sanglier.	Rossignol-Louis. Fougeu-Baron. J. Croissandeau.	Trutteau. Leplat.
1877		Delafon. Pinçon. Baron-Jallerat.	Compoint. Laigniez.
1878	Rossignol.	Compoint. J. Croissandeau. Trutteau.	Leplat. Renault. Lecour.
1879	Gilbert.	Fouqueau-Pellegrin. Laigniez. Leplat. Lecour.	Courtin. Pépin. Barreau.

ANNÉES	PRÉSIDENTS	JUGES	SUPPLÉANTS
	MM.	MM.	MM.
1880		Trutteau. Compoint. Lecour.	Georges Saintoin. Barreau.
1881	Gilbert.	Fouqueau-Pellegrin. Laigniez. Leplat.	Pépin. Courtin.
1882		Courtin. Barreau. Pépin.	Georges Saintoin. Rouet. Rabourdin-Moricet. Hébert.
1883	Germon.	Compoint. Georges Saintoin. Rouet.	Rabourdin-Moricet. Hébert. Derigny. Rosier.
1885	Germon.	Courtin. Rabourdin-Moricet. Pépin. Georges Saintoin. Hébert. Rouet.	Derigny. Baillet. Rosier.
1886		Dérigny. Hébert. Rosier.	Piprot-Bienvenu. Guillon. Sellier.
1887	Gilbert.	Leplat. Rabourdin-Moricet. Baillet.	Guillon. Georges Dessaux.
1888		Rosier. Courtin. Derigny.	Chalon-Desforges. Piprot-Bienvenu.

ANNÉES	PRÉSIDENTS	JUGES	SUPPLÉANTS
	MM.	MM.	MM.
1889	GILBERT.	Leplat. Baillet.	Guillon. G. Dessaux. Piprot-Bienvenu. Boyard.
1890		Courtin-Rossignol. Rabourdin-Moricet. Rouet.	Chalon-Desforges. Robin.
1891	COURTIN-ROSSIGNOL.	Derigny. Rozier. G. Dessaux.	Robin. Lemoine.
1892		Rabourdin-Moricet. Chalon-Desforges. Rouet.	Boyard. Brunet aîné.
1893	COURTIN-ROSSIGNOL.	Rosier. G. Dessaux. Boyard.	Robin. Lemoine.
1894		Chalon-Desforges. Robin. Lemoine.	Brunet. Plumelle.
1895	G. DESSAUX.	Rabourdin-Moricet. Baillet. Boyard.	Boissin. Decressac.
1896		Robin. Lemoine. Brunet.	Brissard. Plumelle.
1897	G. DESSAUX.	Rabourdin-Moricet. Baillet. Laigniez.	Decressac. Boissin.

ANNÉES	PRÉSIDENTS	JUGES	SUPPLÉANTS
	MM.	MM.	MM.
1898		Brunet. Boyard. Plumelle.	Brissard. Piédallu.
1899	COURTIN-ROSSIGNOL.	Laigniez. Lemoine. Boissin.	Rigault. Naudin.
1900		Boyard. Plumelle. Brissard.	Piédallu. Phellion.
1901	COURTIN-ROSSIGNOL.	Lemoine. Boissin. Naudin.	Rigault. Rivière. Dauvesse.
1902		Laigniez. Baillet. Rigault.	Dauvesse. Jouisse.

IX

LISTE DES GREFFIERS

DU TRIBUNAL DE COMMERCE D'ORLÉANS

1° Sous les juges-consuls

1564. . . . . Erasme Pâris.
1574. . . . . Perserant.
1600. . . . . Duchâteau-Poissy.
1604. . . . . Jean Desprez.
1655. . . . . Menault et Proust (1).
1698. . . . . Charles Mallard, Sr de Bois-Semé.
1703. . . . . Charles Mallard, de Bois-Semé fils.
1728. . . . . Daniel Mallard.
(On retrouve ce même nom de jusqu'à la fin du XVIIIe siècle).

2° Pendant la Révolution.

1789. . . . . Mallard.
1793. . . . . Royer, fils aîné.
1795. . . . . Mallard, qui reprend ses fonctions.
1802. . . . . Dubois.

3° De 1809,
date de l'application du Code de commerce à nos jours.

1810. . . . . MM. Dubois.
1824. . . . . Desnoyers.
1847. . . . . Laforge.
1865. . . . . Dervaux.
188. . . . . Savart.
1887. . . . . Dugat.
1892. . . . . Lesieur.

(1) Il résulte du procès-verbal de l'assemblée du commerce, tenue le 21 juillet 1655, sous la direction des juges-consuls, qu'il y avait alors deux greffiers, dont les noms et les signatures sont relatés en cette pièce. Voir supra pièces justificatives, n° : VI.

X

AGREES PRÈS LE TRIBUNAL DE COMMERCE D'ORLÉANS

L'institution des agréés est assurément fort ancienne à Orléans. Elle remonte probablement aux origines mêmes de la juridiction consulaire. C'est ainsi que, dès l'année 1615, le catalogue des juges-consuls relate la nomination et l'installation d'un procureur-syndic, chargé tout spécialement de plaider les questions de droit et de dresser des mémoires et consultations. En 1665, le même catalogue constate que Philippe Seurrat, *procureur de la juridiction*, étant mort, fut remplacé par Henri Sarrebourse.

Mais, jusqu'en 1725, la présence des agréés, appelés alors procureurs postulants près les juges-consuls des marchands, n'était dûe qu'à un usage.

A partir du 4 novembre 1725, le tribunal, à la suite de graves difficultés avec les procureurs des autres juridictions, installa officiellement quatre personnes choisies, dit le procès-verbal, parmi les praticiens et bourgeois d'Orléans, et qui durent prêter serment de bien remplir leurs fonctions.

A l'aide du catalogue des juges-consuls et des annuaires d'Orléans, dont le premier, dû au célèbre jurisconsulte Jousse, parut en 1732, sous le titre de : « *Détail historique de la ville d'Orléans* », nous sommes parvenus à reconstituer à peu près la liste des titulaires des quatre offices d'agréés qui se sont perpétués jusqu'aujourd'hui.

On la trouvera ci-dessous.

Il n'est pas inutile d'ajouter qu'après s'être appelés « *Procureurs postulants près les juges-consuls* » jusqu'en 1790, ils furent désignés dans les annuaires sous le titre d'*avoués* pendant la révolution, et prirent, à partir du XIXe siècle, le nom d'*agréés près le tribunal de commerce*.

LISTE DES AGRÉÉS DE 1725 A NOS JOURS

SUIVANT L'ORDRE DE SUCCESSION DES QUATRE OFFICES

	MM.	MM.	MM.	MM.
1725	Pisseau Proc.-syndic.	Rathoin.	Foubert.	Gaveau.
1733			Trézin.	
1752			Asselineau.	Amyot.
1763			Bertheau.	Meneau.
1767		Gallard-Bourneuf.		
1772	Delabarre.			
1790	Chauveau.			
1791		Proust.		
1801				Royer aîné.
1807		Paul.		
1813			Bertheau fils.	
1819				Royer neveu.
1820				Champigneau.
1821	Adam.			
1823		Guérault.		Dupont.
1824				Lavocat.
1826	Damond.			Gobin.
1827	Zanole.			
1831	Saint-Yve.			
1837		Tisserant.	Vayssié.	
1838	Tardiveau.			
1841	Feillâtre		Kuczinski.	
1854		Heurteau.		Tabouis.
1861	Basseville.			
1863				Genty.
1865				Létorey.
1867			Pêcheux.	
1868	Breton.			
1872		Merlin.		
1881			Ciechanski.	
1882				Delaporte.
1888				Mercier.
1891			Beszard.	
1893			Lecorps.	
1894	Faucheux.	Duprez.		

XI

LISTE DES HUISSIERS AUDIENCIERS

DU TRIBUNAL DE COMMERCE D'ORLÉANS

Le catalogue ne fournit que peu de renseignements au sujet des huissiers audienciers des juges-consuls. On y trouve seulement les noms de GROLLARD, décédé en 1688, et de DEMAILLE, nommé en 1689.

L'assemblé du commerce, tenue le 21 juillet 1655, constata qu'il y avait alors quatre huissiers au Consulat exerçant ensemble leurs fonctions. Ils se nommaient : Gasté. Villoing, Gervaise et Groslaid.

Il résulte d'une mention mise à la fin des lettres patentes du roi, de mars 1656 qu'en 1690, le Consulat avait comme audiencier un nommé Demeulle.

L'annuaire de Jousse de 1736 en indique cinq : Royer, Pisseau, Fermé, Liancourt et Dumuids.

Les annuaires, parus chaque année depuis 1763, donnent en outre les noms suivants jusqu'en 1791 : Griveau, Guibert, Trouillebert, Rousseau, Epaulard et Delamarre.

Depuis la révolution, il n'y eut plus que deux huissiers audienciers, qui paraissent s'être succédé dans l'ordre suivant :

	MM.	MM.
1794	Nicodeau.	Bonnet jeune.
1802	Bonnet.	
1803		Breton.
1822	Coutan.	
1823		Watbled.
1837		Bouchoux.
1843		Leroy.
1853	Coutan fils.	
1860	Maumon.	
1869	Gouault.	
1874	Rondepierre.	
1876		Durand.
1878	Chevallier.	
1883	Benoist.	
1889	Colas.	
1891	Lerude.	
1895	Fortin.	
1900	Gâteau.	

XII

BLASON DES JUGES-CONSULS

Ainsi qu'il a été dit plus haut (page 57), l'Armorial général de France de D'Hozier, indique sous le titre : *Généralité d'Orléans*, que les juges-consuls de cette ville avaient un blason. Nous l'avons décrit d'après le volume manuscrit qui est déposé aux archives d'Orléans.

Nous en donnons ci-contre une reproduction, que nous devons à l'obligeante communication de M. Georges Michau, imprimeur à Orléans.

Nous adressons en même temps tous nos remerciements à nos excellents collègues MM. Bloch, Garsonnin et Dumuys, qui ont bien voulu nous mettre sur la trace de cette pièce intéressante.

XIII

MÉDAILLE DU TRIBUNAL DE COMMERCE

Depuis quelques années, le Tribunal de commerce d'Orléans est en possession d'une médaille que nous reproduisons ci-contre et dont un exemplaire, (en vermeil pour les Présidents et en argent pour les juges) est remise à chacun des titulaires, lors de leur entrée en fonctions.

Cette médaille, qui mesure quarante-cinq millimètres de diamètre est ainsi composée :

A l'avers, elle porte l'écu de la ville d'Orléans, surmonté de la couronne murale et entouré de deux palmes de laurier. Une banderolle est destinée à l'inscription des noms du titulaire. En exergue on lit : Tribunal de commerce ; et, au bas : Orléans.

Au revers sont figurés : le code de Commerce, sous la forme d'un livre portant ce titre sur le plat, les balances de la justice et le caducée, le tout posé sur une branche de chêne. En tête on lit la devise : *Suum Cuique.*

Cette médaille gravée sous la direction de M. Henry Herluison, porte de chaque côté ses initiales : H. H.

XIV

NOUVEAUX DOCUMENTS

TROUVÉS AU COURS DE LA PUBLICATION DE CE TRAVAIL. (1)

I. — LETTRE DE M. SÉZEUR

Procureur général de la Cour d'appel d'Orléans,
Membre de la Légion d'honneur.

Orléans, le 20 mars 1806.

A Monsieur le Président du Tribunal de Commerce séant à Orléans.

MONSIEUR LE PRÉSIDENT,

Par décret du 19 février dernier, inséré au n° 75 du Bulletin des lois, S. M. I. et R. a ordonné la célébration de deux fêtes, celle de Saint-Napoléon et du Rétablissement de la Religion catholique en France, le 15 août, et celle de l'anniversaire du couronnement de S. M. et de la bataille d'Austerlitz, le premier dimanche du mois de Décembre.

Les Art. 4 et 7 appellent les autorités militaires, civiles et judiciaires aux solennités de ces fêtes. Son excellence le ministre des cultes m'adresse une expédition du Décret et me charge de prendre les mesures qui sont en mon pouvoir pour en assurer l'exécution.

Je remplis ce vœu, Monsieur le président, en vous invitant à requérir l'assistance annuelle de votre tribunal aux solennités de ces deux fêtes. Vous voudrez bien faire constater votre réquisition sur le registre ordinaire des délibérations.

Signé : SÉZEUR.

— Cette lettre présente cet intérêt particulier qu'elle rappelle que la fête du 15 août avait notamment pour but de célébrer le rétablissement de la religion catholique en France.

(1) Nous devons la communication de ces lettres à l'obligeance de M. H. Herluison, conservateur du Musée historique de l'Orléanais.

LETTRE DU MÊME AU MÊME

Orléans, le 5 novembre 1807.

MONSIEUR LE PRÉSIDENT,

Pour fournir à Son Excellence le grand Juge, ministre de la justice, les renseignements qu'il me demande, il m'est nécessaire de connaître l'époque de la création du tribunal que vous présidez, et de savoir, année par année :

Combien, depuis le 1er vendémiaire du 11 jusqu'au 22 septembre 1807 inclusivement, (ce qui embrasse une période de cinq années) il a été placé de causes au rôle ;

Combien de ces causes ont été jugées, par distinction de celles qui l'ont été par défaut d'avec celles jugées contradictoirement ;

Quel est le nombre des jugements préparatoires ou interlocutoires rendus dans ces mêmes causes ;

Quel nombre de causes restait au rôle au premier vendémiaire de ces cinq années ;

Combien ont été tenues d'audiences ordinaires dans le cours de chaque année ;

Quel est le nombre moyen des causes qui ont été appelées à chaque audience ;

Enfin s'il a été fréquemment donné des audiences extraordinaires.

La forme dans laquelle doivent se tenir les rôles facilitera beaucoup ce travail, puisque le rôle doit se trouver chargé de toutes les remises ou jugements prononcés.

Je vous prie, Monsieur le Président, de recommander au greffier de vous fournir ce relevé promptement et en observant bien la distinction année par année. En me les transmettant, vous voudrez bien, monsieur, me dire quelle est la nature du commerce de votre ville et des autres endroits de commerce de votre ressort ; quelle est la nature la plus ordinaire des affaires ; de quelle classe de commerçants se tirent le plus communément les juges du Tribunal.

Signé : SÉZEUR.

— Cette lettre avait évidemment pour but principal de renseigner le gouvernement sur la convenance et l'utilité du maintien du Tribunal de commerce d'Orléans.

LETTRE DE M. SÉZEUR,

BARON DE L'EMPIRE,

Procureur général de la Cour d'appel,
Membre de la Légion d'honneur.

A Monsieur le Président du Tribunal de Commerce.

Orléans, le 20 octobre 1813.

Monsieur le Président,

Je viens de recevoir un Décret impérial du 2 de ce mois portant nomination des Membres qui doivent entrer pour deux ans .s le tribunal de commerce. Je vous prie de vouloir bien informer de leur nomination :

MM. Hubert-Crignon, Président
Gay-Miron, Mareau-Jeune — Juges
Robert de Massy, Rousseau-Noury — Suppléants

et de les inviter à se trouver le mercredi 3 novembre à l'audience de la Cour impériale pour y prêter leur serment.

Signé : Sézeur.

— Cette lettre confirme les noms inscrits dans notre liste pour l'année 1813. Elle précise en outre que l'élection des juges de commerce, à la différence de celle des juges-consuls, devait être ratifiée dès cette époque par la nomination du chef de l'Etat.

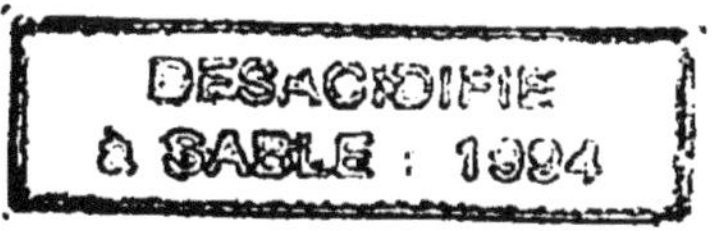

ORLÉANS. — IMP. P. PIGELET